14살에 처음 만나는
동양 철학자들

| 일러두기 |

1. 책에 실린 도판 중 허락받지 못한 일부 도판들은 소장자나 소장처가 확인되는 대로 절차에
   따라 허락을 받겠습니다.
2. 중국의 인물과 지명은 한국식 한자음으로 적되, 표준 중국어식 독음 표기를 병행했습니다.

14살에 처음 만나는

청소년을 위한
진짜 쉬운
동양 철학

강성률 지음
서은경 그림

법法

북멘토

어렵고 딱딱한 철학책은 가라!
14살에 딱 맞는
진짜 쉬운 철학책이 나왔다!

"공자는 15세에 학문에 뜻을 세우고, 30세에 삶의 목표를 확고히 세웠으며, 40세에 의혹되지 않고, 50세에 하늘의 뜻을 알았으며, 60세에 귀가 순리를 따르기 시작했고, 70세에 마음이 하고 싶은 대로 해도 법도에 어긋나지 않았다."

『논어』의 「위정편」에 나오는 말이다. 될성부른 나무는 떡잎부터 알아본다고 했다. 공자는 동네 아이들과 놀면서도 제기를 늘어놓고 제사 지내는 흉내를 내며 놀았고, 그는 늘 예의를 갖춰 행동해 매우 어른스럽게 보였다.

그렇다면 위대한 철학자들은 모두 공자와 같은 십대를 보냈을까?

정약용, 이황, 주자는 공자처럼 어려서부터 남다른 모습을 보였지만 그렇지 않은 경우도 있었다. 우정을 상징하는 관포지교라는 말로 우리에게 익숙한 관중은 매우 가난한 환경에서 자랐는데, 하는 일마다 실패하여 고난과 좌절의 연속이었다. 세 차례 벼슬길에 올랐지만 전부 좌천되었고, 세 차례 전쟁에 나갔지만 모두 패배하여 도망쳤다. 그런 관중에게 친구 포숙이 없었다면 지금 우리가 알고 있는 철학자 관중은 없을 것이다. 그러고 보면 14살은 관중과 포숙, 장자와 혜시처럼 죽마고우를 만들어 가는 중요한 시기이기도 하다.

어려서 신동으로 불렸던 김시습은 앞날에 비단길만 펼쳐질 것 같았지만 수양대군이 조카인 단종을 폐위시키고 폭압 정치를 하자, 유학자의 갓을 버리고 전국 방방곡곡을 떠돌았다. 한비자는 자신의 뜻을 펼치지 못하고 친구의 손에 죽어야 했고, 공자는 상갓집 개에 비유되기도 했다. 이황은 반대 세력의 모함을 받아 관직에서 물러났고, 정약용은 18년 동안 유배 생활을 했다. 원효대사는 파계승이 되어 결혼하고 아들을 낳았다. 야사에나 나올 법한 철학자들의 이야기를 읽다 보면 '위대한 철학자도 우리와 같은 한 인간'임을 깨닫게 된다.

이 책은 철학자들처럼 위대한 인물이 되라거나 위대한 철학자들의 삶을 본받으라고 하지 않는다. 철학자들의 대단하고 위대한 모습만을 보여 주지도 않는다.

『14살에 처음 만나는 동양 철학자들』은 12명의 동양 철학자에 얽힌 이야기를 소개한다. 이들의 특별한 출생 이야기부터 엉뚱하면서도 남달랐던 어린 시절의 성장 과정, 특히 재미있는 에피소드를 소개하고, 그 철학자들의 핵심 사상을 정리했다. 어렵고 딱딱한 철학책을 읽기 위해서는 철학자들의 인간적인 모습을 먼저 접하는 게 좋다. 철학자들을 둘러싼 재미있는 이야기를 먼저 싣고 철학 사상을 부록으로 구성한 이유가 여기에 있다.

인문학에 대한 중요성이 커지면서 철학과 철학자들에 대한 관심도 높아졌다. 그러나 청소년들이 흥미를 가지고 빠져들 만큼 재미있고 쉬운 책은 많지 않다. 필자는 그동안 철학의 대중화를 위해 쉽고 흥미를 돋우는 철학서를 내는 데 노력을 기울여 왔다. 『14살에 처음 만나는 동양 철학자들』역시 그 일환으로 나온 책이다. 그래서 청소년들이 딱딱하고 어려운 철학책이 아니라 옛날 이야기책을 읽어 내려가는 느낌이 들도록 노력했다. 또, '품' 하고 웃음이 터지는 유쾌한 일러스트로 재미를 더했고, 필요한 내용에는 친절한 팁을 달아 청소년들에게는 진짜 쉬운 철학책이 될 것이다. 마지막으로 '처음 철학을 만나는' 모든 사람들에게 철학에 대한 흥미와 관심을 불러일으키고, 인생에서 첫 전환기를 맞은 청소년들에게 성장의 밑거름이 되기를 기대한다.

강성률

차례

1

공자

孔子

정치는
덕으로 하는 것이다

세계 4대 성인 가운데 한 사람인 공자는 중국 노나라에서 태어났다. 그의 아버지 숙량흘은 송나라 왕족인 미자의 후손으로 알려져 있다. 숙량흘은 낮은 직책의 무사였는데 전쟁에서 공을 세운 적도 있었다. 노나라 군이 적군의 계략에 속아 상대편 성 안에 갇힐 위기에 처하자, 숙량흘은 위에서 아래로 내려오는 성문을 두 팔로 받쳐서 아군을 달아나게 했을 정도로 장대한 체구였다. 공자는 아버지를 닮아 체구가 당당했고 키도 보통사람보다 훨씬 컸다. 공자의 용모에 대해서는 여러 기록이 있는데, 간추려 보면 다음과 같다.

"공자의 눈은 크고 길며 이마는 앞으로 볼록하게 나와 황제黃帝(전설상의 제왕. 염제 신농씨와 함께 중화민족의 조상으로 추앙받고 있다.)의 모습이요, 팔은 길고 등은 거북의 모양이며 키는 아홉 자 여섯 치(대략 190센티미터)로 크다. 몸 둘레가 아홉 아름이나 되고, 앉으면 용이 서린 것 같고 일어서면 견우성(은하수를 경계로 직녀성과 마주하고 있다.)을 대하는 것 같다."

공자가 세 살 되던 해, 아버지가 세상을 떠났다. 공자의 어머니

안징재와 결혼할 당시 숙량흘은 이미 예순여섯 살이었다. 열여덟 살에 홀로 된 어머니는 가난한 살림살이에서도 아들을 가르치는 것을 큰 즐거움으로 삼았다. 안징재는 남편을 공자의 할아버지가 살던 곳에 장사지내고 절기에 맞추어 집에서 정성껏 제사 지냈다. 그것을 주의 깊게 봐오던 공자는 동네 아이들과 놀면서 제기(제사 지낼 때 쓰는 그릇)를 늘어놓고 제사 지내는 흉내를 내곤 했다.

공자: 예수, 석가, 소크라테스와 더불어 세계 4대 성인으로 불린다.

공자가 스물네 살이 되었을 때 어머니마저 돌아가셨다. 관습에 따라 공자는 어머니의 시신을 아버지의 묘에 합장하려 했다. 하지만 묘가 어디 있는지 몰라 관을 임시로 묻어 놓고 아버지의 묘를 찾아 나섰다. 그런 공자 앞에 한 노파가 나타나 아버지 묘의 위치를 가르쳐 주어 합장할 수 있었다.

창고지기도 하고 목장 관리도 하고

공자가 살았던 춘추 시대 말기에 노나라는 계손씨, 숙손씨, 맹손씨의 세 집안에서 권력을 나눠 쥐고 있었다. 모두 환공桓公의 아들이어서 삼환씨三桓氏라고 불렀다. 삼환씨는 노나라의 제후들을 무너뜨리고 권력을 장악하여 정치 세력을 키워 갔다. 이중 계손씨의 세력이 가장 강성했다.

공자는 생계를 꾸리기 위해 계손씨 집안에서 곡식을 관리하는 일을 하게 되었다. 근무 태도가 성실하여 얼마 후에 목장 관리인으로 승진했는데, 그때부터 가축의 수가 눈에 띌 정도로 늘어났다. 그러다가 주공周公(주나라 왕조의 기초를 다진 모범적인 정치가)의 제사를 지내는 태묘(황제와 황후의 위패를 모신 사당)에서 조그마한 직책을 맡게 되었다. 이 무렵을 돌이켜 보며 공자는 이렇게 말했다.

"나는 길을 걸을 때 중앙을 걷지 않고 담장가를 따라다녀 누구도 나를 경멸하지 않았다. 솥에 풀과 죽을 쑤어서 청렴하게 살아왔다."

아들 이름에 '잉어'의 뜻을 담다

열아홉 살 때, 공자는 노나라에 와서 살고 있던 송나라 사람 계관씨의 딸과 결혼하여 이듬해 아들을 낳았다. 소공昭公(춘추 시대 노나라 25대 임금)이 공자의 득남 소식을 듣고, 다산의 상징인 잉어 두 마리를 선물로 보내 축하해 주었다.

공자는 아들의 이름을 '리鯉'라고 지었다. 임금의 은혜에 보답

하기 위해 아들의 이름에 잉어라는 뜻을 담은 것이다. 말단 관리인 공자에게 임금이 직접 선물을 보냈다는 것은 공자의 학식과 인품이 궁중에까지 널리 알려졌던 것이다.

그러나 공자의 아내는 남편의 까다로운 성미를 견디지 못하고 도망쳐 버렸다는 설이 있다. 그가 결혼한 지 1년 만에 아들을 얻었다는 『논어論語』의 기록 외에는 아내에 대한 언급이 전혀 없고, "여자는 소인배와 같다."라고 한 공자의 말이 이를 뒷받침하고 있다.

『논어』: 사서 가운데 하나로, 중국 최초의 어록이다. 공자의 가르침을 전하는 유교의 근본 문헌이다. 공자와 그 제자가 주고받은 이야기, 공자의 말과 행적, 인생의 교훈이 되는 말들이 간결하면서도 함축적으로 기록되어 있다. 저자는 불분명하나 공자의 제자들이 지은 것으로 전해진다.

쉰네 살에 재상에 오르다

공자가 고향의 관리가 되었을 때는 이미 쉰 살이었다. 이듬해 정공定公(노나라의 26대 임금)이 이웃의 제나라와 화해 조약을 맺기 위해 길을 떠날 때, 공자가 만일의 경우에 대비하여 무관들을 데리고 가도록 건의했다. 공자의 예상은 적중했다. 화해를 축하하는 연회장에서 제나라의 내인(왕과 왕비를 가까이 모시는 내명부를 이르던 말)들이 칼춤을 추며 정공의 주위로 몰려들기 시작했다. 일촉즉발의 상황에서 공자가 큰소리를 내어 춤을 멈추게 하여 위기를 넘길 수 있었다. 공자는 이 일을 내세워 제나라에 빼앗겼던 노나라의 땅을 모두 돌려받게 만들었다. 그 공으로 공자는 오늘날의 법무부장관 격인 대사구라는 최고 재판관 자리에 올랐다.

공자는 쉰네 살에 재상(임금을 보필하던 최고 관직)의 실권을 겸하게 되었다. 그때 정치 질서를 어지럽게 한 소정묘를 죽여 그 시체를 사흘 동안 궁궐 마당에 내걸어 단호함을 보였다. 그러자 공자가 재상의 실권을 잡은 지 3개월 만에 나라의 질서가 바로잡히기 시작했다. 양과 돼지를 파는 사람들이 값을 속이지 않았고, 남녀가 길을 가도 따로 걸었으며, 길에 떨어진 남의 물건을 줍는 사람이 없어졌다.

한편 노나라가 나날이 융성하는 것을 질투 어린 눈으로 바라보던 제나라 왕은 80여 명의 미녀들과 120마리의 준마를 준비해서 정공에게 보냈다. 제나라의 계략대로 어리석은 정공은 날마다 춤과 노래로 세월을 보냈다. 그때부터 공자를 만나 주지도 않았다. 공자는 어리석은 정공을 위해 자신이 할 수 있는 일이 없자 끝내 관직을 내놓았다. 그렇게 정치에 대한 미련을 버리지 못한 채 노나라를 떠났다. 제자인 자로가 앞장서서 성문 밖을 나갈 때 문지기 한 사람이 물었다.

"선생은 어디에서 오는 길이오?"

자로: 공자의 대표적인 제자 가운데 한 명으로 본디 무뢰한이었지만, 공자의 훈계를 듣고 제자로 들어가 헌신적으로 스승을 섬겼다. 위나라에서 벼슬을 지내던 중 내란이 일어나자 스스로 죽음을 선택했다.

"공자가 있는 곳에서 오는 길이오."

그러자 문지기가 큰소리로 말했다.

"아! 세상이 이미 글러 버린 줄을 알면서도 애써 행하는 그 사람 말이오?"

말년, 상갓집 개와 같더라

공자는 덕 있는 임금을 만나 어진 정치를 베풀게 함으로써 천하를 바로잡으려 했다. 그러나 끝내 자신의 포부를 달성하지 못했다. 그는 쉰여섯 살에 조국인 노나라를 떠나 약 14년 동안 중국 안의 다른 나라를 떠돌아다녔다. 공자의 방랑 여정은 불행하고도 초라했고, 크고 작은 어려움도 여러 번 겪어야 했다. 목숨을 위협받을 만큼 박해를 당했고, 참을 수 없는 모욕을 당하기도 했다. 어떤 군주도 그를 받아주지 않았다. 정치적으로 실패한 후에 공자가 떠돌아다닐 때의 모습은 예전과 많이 달랐다.

어떤 사람이 스승을 찾아다니는 자공에게 자신이 본 공자의 모습을 이렇게 묘사했다.

"이마는 요임금과 같고, 목은 순임금과 우임금 때의 명재상 고요(법과 덕으로 백성을 다스린 상고 시대의 위대한 사상가, 교육자, 정치가. 요·순·우 임

금과 함께 상고사성이라 칭해짐.)와 같으며, 어깨는 자산(정나라의 재상. 국내의 정치 질서를 회복하고 뛰어난 외교활동으로 나라를 부강하게 함.)과 같았소이다. 그러나 허리 밑으로는 우임금(황허 강의 물을 잘 다스린 공로로 순임금으로부터 자리를 물려받음.)보다 세 치나 짧았고, 그 초췌한 모습은 마치 상갓집 개와 같더이다."

자공은 다른 제자들과 함께 공자가 있는 곳으로 달려갔다. 자공이 길에서 만난 사람에게 들었던 이야기를 스승에게 전하자 공자가 웃으면서 말했다.

"외모는 그런 훌륭한 사람들에게 미치지 못하지만, 상갓집 개와 같다는 말은 맞을 것이다."

이 이야기는 사마천의 저서 『사기』 가운데 「곤서편」에 나온다. '상가집 개'에 얽힌 이야기는 공자가 정鄭나라에 갔을 때의 일이다. 공자와 제자들은 길이 어긋났다. 공자는 동문에서 제자들이 찾아오기를 기다리고 있었다. 그 모습을 본 어떤 사람이 제자인 자공에게 스승인 공자를 '상갓집 개'로 표현한 것이다. 이 무렵 공자는 볼품없고 처량한 모습이었을 것이다. 초상집에서 주인이 돌보지 않아 굶주림에 시달려 수척해진 개, 즉 상가지구喪家之狗라는 표현과 딱 어울리지 않았을까 싶다.

공자는 수십 년 동안 자기 집을 서당으로 삼아 사방에서 몰려드는 제자들을 가르쳤다. 무려 3천 명이 넘는 젊은이들이 그의 서당에서 가르침을 받았다. 공자의 명성은 나날이 높아졌고, 멀리 퍼져 나갔다.

오랜 방랑 생활 끝에 고향으로 돌아온 공자는 옛날부터 전해져 내려오는 여러 문헌들을 모아 편찬하는 일에 몰두했다. 공자는 정치에서와는 달리, 교육과 학문에서는 놀라운 성과를 거두었다. 그의 교육 방법은 스스로의 말과 몸가짐 하나하나를 통하여 제자들에게 모범을 보여 주는 일종의 시범식 교육이었다. 제자들이 스승을 모시고 같이 생활했기 때문에 가능한 교육 방식이었다.

공자는 일하지 않는 인간, 몸으로 실천하지 않는 인간을 가장 싫어했다. 제자들에게 그와 관련하여 단호하게 충고했다.

"내가 하루 종일 깊이 생각해 보았지만, 얻은 것이라고는

공문십철: 공자의 제자는 3천 명에 이르는 것으로 알려져 있다. 그중 공자의 뛰어난 제자 10명을 가리켜 공문십철이라 부른다. 덕행에는 안연·민자건·염백우·염옹, 언어에는 재아·자공, 정치에는 염유·자로, 문학에는 자유·자하를 꼽는다. 안회는 공자로부터 가장 촉망받는 제자였다.

하나도 없었다. 그러니 너희는 정 할 일이 없거든 멍청하게 잡담이나 하지 말고 장기바둑이라도 두어라."

어느 날 자하가 물었다.

"안회(안연)는 사람됨이 어떻습니까?"

공자가 대답했다.

"안회의 어질고 의로움은 나보다 낫지."

자하가 또 물었다.

"자공은 어떻습니까?"

"나는 자공의 말재주를 따라갈 수가 없지."

"자로는 어떤가요?"

"자로의 용기에는 내가 못 따라가지."

자하가 다시 물었다.

"자장은 어떤가요?"

"자장의 장중함은 나보다 낫지."

자하는 스승의 말을 다 듣고 나서 어리둥절한 표정으로 물었다.

"그들이 다 선생님보다 낫다면 왜 모두 선생님께 머리를 조아리고 스승으로 삼고자 하는지요?"

공자가 말했다.

"말해 줄 테니 다시 앉아 보아라. 안회는 인의를 말할 줄은 알지만 형편과 경우에 따라서 일을 융통성 있게 잘 처리하는 변통을 모른다. 자공은 말은 잘하지만 겸손하지 못하지. 자로는 용감하지만 물러날 줄을 모르고, 자장은 장중하지만 남과 어울리지 못해. 그들은 각각 장점을 가지고 있지만 단점도 있지. 그래서 다들 나를 스승으로 삼고 배우려 하는 것이다."

아들의 죽음보다 제자의 죽음을 더 슬퍼하다

공자 나이 예순여덟에 하나뿐인 아들 리가 쉰 살의 나이에 죽고 말았다. 2년 후에는 공자가 가장 아끼던 제자 안회가 스승보다 30세나 젊은 나이에 세상을 떠났다. 공자는 슬픔이 너무 커서 살고 싶은 의욕을 잃었다. 평소에 안회를 도道의 계승사로 지목하고 있었기 때문에 그의 죽음은 곧 대도大道의 종말을 의미하는 것이나 마찬가지였다.

"하늘이 나를 죽이는구나! 하늘이 나를 죽이는구나!"

공자는 아들의 죽음보다 더 슬퍼하며 땅을 치며 통곡했다. 다음 해에는 재아(재여)가 제나라에서 죽임을 당했고, 그다음 해에는 자로마저 전쟁의 제물이 되고 말았다. 특히 자로는 위나라에서 무참히 살해되어 젓갈로 담겨졌고, 그 항아리는 공자에게 보내졌다. 공자는 마치 양팔을 잘린 듯 몸부림쳤다.

"하늘이 내가 빨리 죽기를 재촉하는구나!"

죽음을 몇 달 앞둔 어느 날, 공자가 자공에게 말했다.

공리의 묘와 묘비: 공리가 죽은 후부터는 공씨孔氏 제사를 지낼 때 잉어를 제물로 쓰지 않았고, 이름도 홍어紅魚로 고쳐 불렀다. 1267년에 공자묘에 모셔졌다.

"나는 다시 말하고 싶지 않다."

깜짝 놀란 자공이 물었다.

"선생님께서 아무 말씀도 하지 않으시면 저희들은 무엇을 전하겠습니까?"

"저 하늘이 무슨 말을 하느냐? 아무 말 없어도 사계절이 운행하고 만물이 생장하지 않느냐?"

자공은 이 말을 듣고 공자의 마음이 예전 같지 않음을 알아차렸다. 평소 제자들에게 자세하고 친절하게 가르침을 주던 공자의 모습이 아니었던 것이다.

제왕이 부럽지 않은 장례식을 치르다

얼마 후, 화창한 봄이 오기 직전이었다. 자공이 아침 일찍 공자에게 문안 인사를 드리러 갔다. 공자는 지팡이를 들고 문 앞에서 산책하고 있었다.

"태산이 무너지는구나. 대들보도 부러지는구나. 철인哲人마저 시들어 버리는구나!"

자공이 눈물을 흘리며 탄식하는 공자를 안으로 모시고 들어가 자리에 눕혔다. 공자는 의식을 잃고 몸져누운 지 7일 만에 세상을 떠

공묘: 공자를 기리기 위해 공자의 위패를 모신 사당이다. 공자와 후손들이 살았던 집인 공부, 공자와 후손들의 무덤이 있는 공림과 함께 유네스코 세계유산에 등재되었다.

났다. 공자의 나이 일흔셋이었다.

　장례식은 장엄했다. 관은 네 치의 오동나무와 잣나무를 이용해 이중으로 만들고, 무덤의 구덩이 묘혈도 수맥이 닿지 않을 정도로 깊이 팠다. 그야말로 제왕의 장례식이 부럽지 않을 정도였다. 시신은 노나라 수도였던 곡부(취푸)의 북쪽 사수泗水 강가에 묻혔다. 많은 제자들이 3년 동안 산소 곁에 여막(빈소 옆에 덧대어 지은 공간)을 지어 살았고, 제자인 자공은 6년 동안 그곳을 지켰다.

　그 후 그곳에 100여 호의 친척이 모여 살아 동네 이름을 공리

孔里라 불렀다. 공자가 살던 집에는 그가 살아생전에 쓰던 옷, 관冠, 거문고, 수레, 책들을 진열해 놓았다. 이것이 오늘날의 공묘孔廟 이다. 이곳은 춘추 시대 이후 100여 차례 이상 늘리고 넓혀 나갔다. 지금은 중국 최대의 건물이 되었다. 이곳에는 공자 외에도 172명의 성현들을 배향하고 있으며, 남북의 길이는 1,300미터, 동서의 너비는 150미터, 전체 면적은 14만 평방미터(약 4만 평)에 이른다.

공자

　　공자(B.C. 552년~B.C. 479년)는 중국 최초의 민간 사상가이자 교육자로 춘추 시대의 혼란기에 예(禮)의 질서를 인(仁)(어짊)의 기초 위에 다시 세우려고 했다. 흔히들 석가모니는 자비를, 예수는 사랑을, 소크라테스는 진리를, 공자는 인을 강조했다고 말한다. 그렇다면 과연 인이란 무엇인가?

　　첫째, 인이란 인간 중심의 사상이다. 즉, 인이란 모든 일의 주체인 인간으로 하여금 인간다운 인간이 되게 하려는 휴머니즘이다.

　　둘째, 인은 진실함과 성실성에 그 바탕을 두어야 한다.

　　셋째, 인의 경지는 끊임없는 자기 노력에 의해 달성된다. 인이란 욕망에 빠지기 쉬운 자기 자신을 극복하고 예절로 돌아가는 것(극기복례)이다. 욕정에 빠진 육신을 죽이고 인을 이루기 위해서는(살신성인) 끊임없는 스스로의 노력이 필요하다. 공자는 학식과 덕행을 겸비하고 극기복례와 살신성인을 이룩한 사람을 군자라 부르고, 그 자신과 제자들의 교육목표로 삼았다.

　그러나 진정한 의미에서 인이란 한 사람의 도덕적 완성만으로 이루어지는 것이 아니다. 모든 인간들의 인을 모아 커다란 인, 대동인大同仁을 이룩하는 것이 유교의 궁극적인 목표이며, 그것을 실현하기 위한 방법으로서 공자는 올바른 통치자의 등장을 기대했다. 수신제가치국평천하修身齊家治國平天下(몸과 마음을 닦아 수양하고 집안을 편안하게 다스린 후에 나라를 잘 다스리고 천하를 평정한다는 뜻)의 과정을 거친 통치자가 나와 백성의 마음을 얻어야 하는데, 그것을 위해서는 임금과 신하, 윗사람과 아랫사람이 각각 자기의 맡은 바 책임을 다해야 한다고 주장했다.

　공자는 지식과 덕을 갖춘 군자가 현실 정치에 참여함으로써 제후국의 정치 현실을 안에서부터 개혁하고 나라의 기초를 튼튼히 하며, 백성들의 생활을 윤택하게 해 주기를 바랐다. 그가 이상으로 삼은 인간은 결코 현세 도피적이거나 금욕주의적인 성인聖人이 아니고, 세계와 사회 속으로 파고 들어가서 모든 일에 절도를 지킬 줄 아는 명석한 판단력의 소유자, 즉 현자였다.

2

맹자

孟子

인과 의를 해치면
군주가 아니다

맹자의 어릴 적 가정 환경은 공자와 닮은 구석이 있다. 세 살 때, 아버지를 여의고 어머니와 단둘이 산 점이 그렇다. 그러나 조숙했던 공자와 달리, 맹자는 말썽꾸러기였다. 특히 모방성이 뛰어나 주변 지방의 풍습이나 관습을 곧잘 흉내 냈다. 맹자의 어머니가 아들을 교육시키기 위해 이사를 세 번이나 했다고 전하는 맹모삼천지교 孟母三遷之敎도 그런 점 때문에 만들어진 것이다. 유향이 지은 『열녀전』에 그 내용이 있다.

모방의 천재, 맹모삼천지교를 만들어 내다

어릴 때, 맹자는 공동묘지 근처에 살았다. 맹자가 무덤을 만들고 발로 달공(장례 절차의 마지막 의식으로 흙을 덮고 땅을 다질 때 부르는 노래)하는 흉내를 내며 노는 모습을 보고, 맹자의 어머니는 "이곳은 아이를 키울 만한 데가 못 된다."라며 시장 근처로 이사를 했다. 여기서 맹자

는 물건을 사고파는 장사꾼의 흉내를 내며 놀았다. 이
번에도 맹모는 "이곳도 아이를 교육할 만한 곳이 못 된
다."라고 하며 서당 근처로 집을 옮겼다. 여기서는 놀이
를 하되, 제기를 차려 놓고 어른에게 인사하거나 겸손
하게 양보하며 예절을 지키는 모습을 보였다. 그제야
비로소 맹모는 "이곳이야말로 자식을 가르칠 만한 곳
이구나."라고 말했고, 그곳에 자리 잡고 살았다.

맹자: '인간의 본성은 착하다.'는 성선
설을 주장했다.

　어머니의 이런 노력으로 맹자는 유가에서 공자 다
음 가는 성인으로 불리게 되었다. 모성 교육의 본보기
가 된 맹자의 어머니는 현모양처賢母良妻의 으뜸으로 꼽히게 되었다.

　맹자와 어머니에 얽힌 유명한 이야기가 또 하나 있다. 어느 날,
맹자가 밖에서 놀다가 이웃집에서 돼지 잡는 것을 보고 뛰어 들어
와서 물었다. "어머니, 돼지는 왜 잡습니까?" 어머니는 무심코 "너
를 먹이려고 그런다."라고 대답했다. 사실 맹모는 고기를 사다 먹
일 생각이 전혀 없었다. 그러나 곧 생각을 고쳐먹었다. "아이가 무
엇을 알고자 물었는데 내가 거짓말을 한다면 불신을 가르치는 결
과가 될 것이다." 그래서 어머니는 맹자에게 그 돼지고기를 사다
먹였다.

학업을 중간에 그만두면 아무 쓸모가 없다

맹자는 본래 노나라 사람이었는데, 나중에 추나라 땅(지금의 산동성 추현)으로 옮겨 와 추나라 사람이 되었다. 그런데 추나라가 공자가 태어난 노나라에 속한 지방이라는 설도 있고, 독립된 하나의 나라라는 설도 있다. 그 어느 쪽이든 공자의 고향인 곡부에서 가까운 곳이었음은 분명하다.

맹자는 서당에 다니기 시작하면서 공부를 열심히 했다. 몇 년이 지났을 때 스승이 불러 "너는 내게서 배울 것을 다 배웠으니, 이제부터 여기에 나올 필요가 없다."라고 말할 정도였다. 그 길로 맹자는 취푸로 가서 공자의 손자인 자사(맹자가 자사에게 직접 가르침을 받은 것은 아님.)의 문하에서 배움을 시작했다. 맹자는 일찍이 공자를 본받아서 도나 학문을 닦아 그와 같은 성인이 되는 것을 목표로 삼았다.

어느 날 맹자는 말 타기를 배우다가 넘어져 팔을 다쳤다. 마침 어머니를 뵌 지도 오래되어 그는 고향으로 갔다. 맹자가 집에 들어섰을 때, 어머니는 길쌈(누에고치, 삼, 모시, 목화 등에서 실을 뽑아 옷감을 짜는 일)을 하고 있었다. 맹자의 어머니는 아들의 얼굴을 보자마자, 모자지간의 정을 나누기보다 학업에 대해 물었다.

"너의 공부가 얼마나 나아졌느냐?"

"별로 나아진 바가 없습니다."

맹자의 말을 들은 어머니는 칼을 들어 길쌈하던 것을 끊으며 말했다.

"네가 공부를 하다가 중단하는 것은 마치 내가 이 칼로 애써서 짜던 길쌈을 끊는 것과 같으니라."

맹자는 큰 깨달음을 얻고 돌아가 아침저녁으로 부지런히 공부를 했다. 이것이 맹모의 단기지교斷機之教(학문을 중도에 그만두면 아무 쓸모가 없다는 것을 비유하는 말)이다.

왕의 입을 다물게 하다

학식과 덕망으로 유명해진 맹자가 유가의 이상을 실현하기 위해 여러 나라를 돌아다닐 때였다. 맹자의 뒤에는 몇십 수레가 넘는 긴 행렬과 수백 명의 제자들이 따르고 있었다. 멀리서 보기에도 맹자의 일행은 일대 장관을 이루었다. 맹자는 여러 나라의 왕들을 만나 인의仁義(어짊과 의로움)로써 나라를 다스리는 왕도정치를 시행할 것을 강력히 권했다.

맹자가 양나라 혜왕惠王을 만난 것은 쉰세 살 때였다. 원래 위나라 군주였던 혜왕은 제나라 군대에게 마릉에서 대패했고 진秦나라와의 전투에서도 여러 번 패했다. 그러나 자신을 낮추고 현자를 초

빙하려고 애쓰자, 추연˚과 순우곤˚, 맹자 등이 수도인 대량으로 몰려들었다.

어느 날 맹자가 혜왕을 찾아가자, 왕이 매우 기뻐하며 물었다.

"어떻게 하면 나라에 도움이 되겠습니까?"

"왕께서 만일 어떻게 하여 내 나라를 이롭게 할까 주장하신다면 대부大夫(경卿 사士와 함께 제후국의 제사·군사·외교 등 일반 정사에 참여하는 직책)들도 반드시 어떻게 하여 내 집안을 이롭게 할까 하고 주장할 것이며, 또 선비나 백성들도 어떻게 하여 나 자신을 이롭게 할까 하고 주장할 것입니다. 이와 같이 위아래가 서로 자기의 이득만을 다툰다면 나라가 위태롭게 되고 말 것입니다. 신하 된 자가 자기 이익을 생각하여 임금을 섬기고 자식 된 자가 자기 이익을 생각해서 어버이를 섬기고 동생 된 자가 자기 이익을 생각해서 형을 섬긴다면, 그것은 인의仁義가 아니라 이익 때문에 서로 만나는 것입니다. 그러고서도 멸망하지 않은 경우는 여태껏 없었습니다."

맹자는 모든 일에 개인의 공이나 이익만을 추구하는 공리주의의 폐해를 비판한 것이다.

　　한번은 맹자가 왕에게 물었다.

　　"만약 형리(지방 관아의 벼슬아치 밑에서 일하는 사람)가
자기가 맡고 있는 감옥 내의 질서를 바로잡지 못할
때는 어떻게 해야 합니까?"

　　"당장 그 형리를 파면시켜야 합니다."

　　왕이 단호하게 대답했다.

　　"만약 나라 전체가 문란해졌을 때는 어떻게 해야 합니까?"

　　맹자가 다시 묻자 왕은 말꼬리를 흐리면서 신하에게 다른 얘기
를 건네었다.

추연: 전국 시대 제나라 사람으로, 중
국 전통 사상의 기초가 된 음양오행설
을 주창했다.

순우곤: 전국 시대 제나라 때의 학자.
천한 신분 출신이었으나 기지가 넘치는
말재주로 제후를 섬기고, 군주를 풍자
하기도 했다.

군주가 군주답지 못하면 언제든 바꿀 수 있다

　　맹자는 군주가 해야 할 의무를 게을리하여 백성들로부터 원망
이나 불평을 듣는다면 마땅히 자리에서 물러나야 한다고 말했다.
또, 군주가 자리에 연연하여 독재를 하거나 백성들을 억압한다면
살해되어도 무방하다고 했다. 설령 그렇다고 해도 임금과 신하의
의리 혹은 명분을 파괴하는 일이 아니라고 생각했다. 군신君臣 간의
관계가 이미 깨진 것으로 보았기 때문이다.

비간: 주왕의 숙부. 폭정을 일삼은 주왕에게 직언을 했다가 "성인의 가슴에는 구멍이 일 곱 개 있다고 하던데, 어디 한번 열어 보자." 라는 주왕의 말에 심장이 꺼내져 죽었다.

예를 들면, 천하의 폭군으로 대표되는 걸왕桀王과 주왕紂王은 이미 왕으로서의 존재 의의를 상실했기 때문에 임금과 신하의 도리를 지킬 필요가 없다는 것이다.

걸왕은 웅장한 궁전을 지어 천하의 희귀한 보화와 미녀를 다 끌어모았다.

"매번 술을 따르고 음식을 나르는 일이 재미없고 지루하옵니다. 술로 연못을 만들고 고기로 숲을 만들어 춤추고 놀면서 바로 마시고 먹으면 어떻겠습니까?"

애첩 말희의 말을 듣자마자 걸왕은 신하들이 말렸는데도 궁전 뒤뜰에 술 연못을 만들어 배를 띄웠다. 그리고 장야궁長夜宮(밤이 긴 궁전을 뜻함.)을 지어 유흥에 빠졌다.

주왕은 용모와 재능이 훌륭했고, 손으로 맹수를 잡을 정도로 힘이 세었다. 재위 초기에는 논쟁에서 자신의 과실을 감출 수 있을 정도로 언변도 뛰어났다. 그런데 만년에 가서는 술로 연못을 가득 채우고 주변의 나무를 비단으로 휘감은 뒤에 고기를 매달아 놓고 애첩 달기와 배를 타고 놀면서 고기를 따 먹었다.

게다가 포학하고 가혹한 정치를 그만두라고 조언하는 신하들에게 기름을 발라 숯불 위에 걸쳐 놓은 구리 기둥 위를 걷게 하는 포락지형을 내렸다. 그렇게 불에 타 죽는 신하들의 모습을 구경하며 즐기는 잔인한 왕이었다. 특히 자신에게 충심을 다해 조언한 왕자 비간을 잔인하게 죽였다. 7년에 걸쳐 높이 180미터, 둘레 800미터의 호화 궁전 녹대(재화를 모아 두던 곳)를 짓느라 무거운 세금을 부과했을 때는 백성들의 원성이 극에 달했다.

마침내 제후들의 우두머리 격인 서백의 아들 발發이 여상 강태공과 함께 군사를 일으켜 상나라를 멸망시키고, 주周나라를 세워 무왕이 되었다. 무왕과의 싸움에서 패한 주왕은 온갖 금은보화를 쌓아 놓았던 녹대에 불을 지르고 그 속에서 불에 타 죽었다.

강태공 : 주나라 초기의 정치가이자 공신. 본명은 강상姜尙. 그의 선조가 여呂나라에 봉해져 여상呂尙이라 불렸다. 그가 웨이수이 강에서 낚시를 하고 있을 때, 인재를 찾아 떠돌던 주나라 서백(나중에 주나라 문왕이 됨.)을 만났다. 서백은 그의 인물됨을 알아보고 주나라 재상으로 등용했다. 뒷날 그의 고사를 바탕으로 '한가하게 낚시하는 사람'을 가리켜 강태공이라는 말이 생겼다.

이와 관련하여 제나라 선왕宣王과 맹자가 나눈 이야기가 있다.

어느 날, 제선왕이 맹자에게 물었다.

"과인이 듣기로는 제후였던 탕湯은 주군 걸을 몰아내고 천자天子(하늘의 아들이란 뜻으로 중국 천하의 통치자를 말함.)가 되었고, 제후였던 무왕은 주군 주를 쳐내고 천자가 되었다고 하던데, 이것이 사실입니까?"

맹자가 답했다.

"전해 오는 기록에 그런 이야기가 있습니다."

"걸주가 비록 폭군이었다고는 하지만, 신하 된 자로서 임금을 시해한 것이 도리에 맞는 일이겠습니까?"

제선왕이 다시 묻자 맹자가 대답했다.

"인仁을 해치는 자를 적賊이라 하고, 의義를 해치는 자를 잔殘이라 하며, 잔적지인殘賊之人을 단지 '그놈!'이라고들 합니다. 그러므로 '무왕께서 그 주라는 놈을 처형하셨다.'는 말은 들었어도 '임금을 시해했다.'는 말은 들어 본 바 없습니다."

이 말은 인과 의를 해치는 군주는 군주가 아니라 시정잡배에 불과하다는 뜻이다. 그런 폭군들이 지도자의 위치에 있을 때는 정당성을 부여받지 못한다는 말이다. 결국 백성의 안위를 위해 혁명을 시도하는 것은 옳은 일이 된다. 잘못된 지도자의 존재가 백성의 삶을 해치기 때문이다.

당시 중국은 세습이나 선양禪讓(임금의 자리를 덕이 있는 사람에게 물려주는 일)에 의해 군주의 지위를 유지해 왔다. 그중에는 성군도 있었고, 패도정치霸道政治(천자의 힘이 쇠락해진 춘추 시대 이후부터 제후가 힘과 권력으로 통제하는 정치)를 편 폭군도 있었다. 이러한 상황에서 맹자는 "군주가 군주답지 못하면 얼마든지 바꿀 수 있다."라고 주장했다. 물론 군주는 천명天命을 받아야 하지만, 맹자는 천명이 백성들로부터 나온다고 믿었다. 어디까지나 천명은 백성들의 뜻에 기초하기 때문에 백성들이 거부한 군주는 하늘에 의해 쫓겨나는 것으로 받아들여야 한다는 것이다. 이처럼 국민의 뜻에 따라 군주가 바뀌고 왕조의 성姓씨가 교체되는 것을 역성혁명易姓革命이라고 한다. 맹자의 역성혁명 사상은 이후 유럽으로 전파되어 로크의 저항권 사상으로 발달했고, 시민혁명의 이념적 기초가 되었다.

그러나 맹자는 혁명의 정당성을 이야기했다는 이유로 끝내 군주들로부터 환영받지 못했다. 심지어는 맹자의 초상화와 글이 공자묘에서 철거된 일도 있었다.

로크의 저항권 사상 : 영국의 철학자이자 정치가인 로크는 '통치자의 권력이 계약을 통해 국민에게서 위임받은 것'임을 명확히 밝혔다. 만일 통치자가 그 권력으로 국민을 해치게 되면, 국민은 계약을 해지할 수 있다. 신의를 깨뜨린 계약은 무효가 되기 때문이다. 이것이 로크가 주장한 '저항권'이다. 미국의 독립 전쟁과 프랑스 혁명 등에 큰 영향을 끼쳤다.

맹자

맹자(B.C. 372년 ~ B.C. 289년)는 전국 시대(춘추 시대가 지난 기원전 403년부터 진나라가 중국을 통일한 기원전 221년까지 약 200년간의 과도기)의 유교 사상가로 성선설을 주장했다. 전국 시대는 여러 제후국이 패권을 다투어 소란스러운 시기였지만, 학문 분야에서는 제자백가들이 등장하여 활기를 띠었다. 토지의 사유제와 함께 농사 기술이 발달했고, 화폐가 유통되기도 했다. 많은 학자와 문화인 등이 논쟁하고 토론하는 백가쟁명百家爭鳴이 최전성기에 이르렀다.

맹자는 '인간의 본성은 착하다.'라는 성선설의 근거로 사단설四端說을 삼았다. 사단이란 사람의 본성에서 우러나오는 네 가지의 착한 마음이다.

"측은하게 여기는 마음惻隱之心은 어짊仁의 시작이요, 부끄러워하는 마음羞惡之心은 의로움義의 시작이요, 사양하는 마음辭讓之心은 예절禮의 시작이요, 옳고 그름을 가리는 마음是非之心은 지혜智의 시작이다.”

　하지만 맹자는 아무리 착한 본성이라도 그대로 방치하면 변화되기 때문에 잘 보존하기 위해 후천적인 교육이 필요하다고 주장하였다. 우리 인간이 감각 기관의 요구에 얽매이지 않고 사유 기관의 요구에 따르도록 해야 선악과 시비를 가려서 착함과 옳음에 따르게 된다는 것이다. 따라서 사람은 자칫 외부의 유혹이나 협박에 넘어가기 쉽기 때문에 흔들리지 않는 마음不動心을 얻어야 하고, 그러기 위해서는 평소에 호연지기浩然之氣(세상에 꺼릴 것이 없는 크고 넓은 도덕적 용기)를 길러 두어야 한다.

　또한 맹자는 사람의 본성은 어질기 때문에 통치자는 반드시 인의(仁義)로써 나라를 다스리는 왕도정치를 펼쳐야 한다고 주장했다. 맹자가 말하는 왕도정치란 공리주의를 물리치고 백성들의 뜻에 따라 정치를 펴는 것을 말한다. 그러나 민생 문제를 소홀히 할 수는 없기 때문에 정전제井田制(토지의 한 구역을 우물 정井자로 9등분하여 8호의 농가가 한 구역씩 경작하고, 가운데 구역은 공동으로 경작하여 그 수확물을 국가에 조세로 바치는 토지제도)의 실시를 주장하기도 했다. 그리고 민심은 곧 천심天心이기 때문에 임금은 백성들의 신뢰를 받는 현자 가운데서 선양에 의하여 추대되어야 한다고 했다. 이러한 맹자의 정치론은 민본주의民本主義에 바탕을 두고 있다.

노자

老子

도는 우주의
근본 원천이다

노자의 출생에 얽힌 전설이 하나 있다. 기원전 604년 9월 14일, 초나라 고현의 여향 곡인리(지금의 허난성 루이현)에 한 여인이 자두나무에 기대어 한 아이를 낳았다. 아이는 신과 같은 위인이 될 운명을 타고났기 때문에 출생부터 평범하지 않았다. 그의 어머니는 떨어지는 별을 보고 노래한 뒤 62년 동안이나 임신해 있었다. 오랜 세월을 뱃속에 있었기 때문에 아이는 태어나자마자 말을 할 수 있었는데, 주위의 자두나무를 가리키며 이렇게 말했다.

"나는 이 나무를 따서 성姓을 짓겠다."

아이는 '자두나무李'에다 그의 큰 '귀耳'를 상징하는 글자를 붙여 이름을 이이李耳라 지었다. 그러나 사람들은 그의 머리카락이 하얀 눈처럼 희다고 해서 노자라 불렀다. 노老는 '늙었다.'는 뜻이고, 자子는 '하늘의 아들'이라는 뜻을 가진 존칭어이다. 그가 죽은 뒤 사람들은 노담이라고도 했는데, 담聃이란 귀가 넓적하고 축 처져서 귓바퀴가 없다는 뜻이다.

노자는 역사적으로 중요한 인물임에도 불구하고 성장 과정에 대해 잘 알려져 있지 않다. 『사기』의 「노자전」에서 그의 생애에 대한 자료를 얻을 수 있지만, 사마천 역시 노자에 대한 확실한 정보를 제공하지는 못한다. 『사기』에 따르면, 노자는 초나라 사람이지만 그가 태어난 곳은 원래 진陳나라였다. 다만 노자가 태어나기 10여 년 전에 남쪽의 강국이었던 초나라에 점령당했기 때문에 초나라 사람으로 기록된 것이다. 『사기』에도 성장 과정의 이야기는 기록되어 있지 않다.

노자: 작은 나라와 적은 백성을 뜻하는 소국과민을 '무릉도원'과 같은 이상사회로 보았다.

당시 초나라는 점령지에 무거운 세금을 물리고 폭력 정치를 휘둘러 주민들을 가난과 고통 속으로 몰아넣었다. 노자 역시 괴로움에 시달리다가 마침내 유랑의 길을 떠났고, 이후 천자의 나라인 주周나라(상나라 다음에 등장한 중국의 고대 왕조. 요순시대를 이어받아 이상적인 정치를 했다고 알려짐.)에 이르러 머물렀다.

노자는 주나라에서 왕실의 장서 창고를 지키는 관리로 40여 년 동안 일했다. 그의 직책인 사관史官은 오늘날 '역사가'를 의미하지만, 고대 중국에서는 천문, 점성, 성전(성인들의 말씀을 모아 놓은 책)을 전담하는 학자였다. 노자가 이곳에서 일할 때 공자가 방문하여 가르침을 청했다.

〈문례노담도〉: 공자 행적에 대한 글의 내용을 그림으로 풀이한 『공자성적도』 중 공자가 노자를 찾아가 예에 대한 가르침을 받고 있는 그림이다.

"예禮에 대해 한 말씀해 주시지요."

노자가 점잖은 표정을 지으며 충고했다.

"그대가 찾고자 하는 예에 대해 말하자면, 그것을 만든 사람의 뼈다귀는 이미 썩어 버렸고 남은 것은 오직 그들의 말뿐이오. 군자가 때를 만나면 나아가 벼슬을 하지만, 때를 만나지 못하면 물러나 숨어야 하는 법이오. 내 일찍이 듣기를 '훌륭한 장사꾼은 귀중품을 감춰 놓은 채 아무것도 없는 듯이 행동하고, 완전한 덕성을 갖춘 사람은 겉으로 평범한 사람처럼 보인다.'라고 하였소. 그러니 그대는 온몸에 붙어 있는 그 교만과 욕심, 위선 등을 버리시오. 그대에게 아무런 이득이 되지 않을 것이오. 이밖에 내가 무엇을 더 말하겠소?"

백발이 성성한 노자의 눈에 공자는 혈기왕성한 청년에 지나지 않았던 것이다. 그 말을 들은 공자는 무안해져 자리에서 일어났다.

그 후 세월이 흘러 공자가 주나라의 수도 낙양(洛陽)을 떠날 무렵 다시 노자를 찾았다. 이번에도 노자는 공자에게 다음과 같이 충고했다.

"부자는 재물로써 사람을 전송하고, 선비는 말로써 사람을 전송한다고 하오. 나는 돈이 없으니 선비를 흉내 내어 말로써 선물을 대신할까 하오. 일의 이치를 판단할 만큼 총명한 사람이 죽을 고비에 이르는 것은 남의 행동을 잘 비판하기 때문이오. 학식이 깊고 말재주가 있는 사람이 자주 위험에 처하는 것은 남의 허물을 잘 지적하기 때문이오. 그러니 말과 행동을 조심하고 자신의 주장을 함부로 내세우지 마시오."

노자의 가르침을 듣고 돌아간 공자가 제자들에게 말했다.

"나는 새가 공중을 잘 날아다니고, 물고기가 헤엄을 잘 치고, 짐승이 땅 위를 잘 달린다는 것을 알고 있다. 그래서 하늘을 날아다니는 새는 활을 쏘아 잡을 수 있고, 물속을 헤엄치는 고기는 그물을 쳐서 잡을 수 있고, 달리는 짐승은 덫을 놓아 잡을 수 있다. 하지만 용에 대해서는 아무것도 모른다. 용은 바람과 구름을 타고 9만 리 하늘로 오를 수 있기 때문이다. 내가 만나 본 노자는 바로 용이었다."

혼란한 시대, 몸을 낮추고 숨어 지내다

노자는 오랫동안 주나라 조정에 머물면서 황실이 기울어져 가는 것을 지켜보았다. 주나라는 태평성대를 지나 12대 유왕幽王에 이르러 혼란기에 접어들었다. 유왕이 즉위한 이듬해에 큰 지진이 일어났고 모든 강들이 말라붙었다. 이때 수많은 백성이 목숨을 잃었고 경제적 손실도 막대했다. 이러한 사정은 아랑곳하지 않고 유왕은 술과 여자에만 빠져 있었다. 급기야 대신들을 각지에 보내 미인들을 물색하게 했다. 이대로는 안 된다고 생각했던 대신 포향褒珦이 간곡하게 말리자 유왕은 그를 감옥에 가두었다. 감옥에 갇힌 지 3년이 지났을 때, 포향의 집안 사람들이 절세미인인 포사를 유왕에게 바쳤다. 포사를 보고 첫눈에 반한 유왕은 포향을 풀어 주었다. 유왕은 그날부터 나랏일은 돌보지 않고 포사와 함께 밤낮 마시고 놀기만 했다. 그런데 포사는 한 번도 웃지를 않았다.

"포사야, 어떻게 하면 웃을 것이냐?"

"제가 특별히 좋아하는 것도 없고 웃을 만한 일이 없어서…….

다만 비단 찢는 소리를 들으면 기분이 좀 좋아질 것 같습니다.”

포사의 말을 들은 유왕은 매일 같이 비단을 찢게 했다. 궁궐 안에 있던 비단이 모두 찢겨 나가자 제후와 백성에게 비단을 거두어들였다. 그러나 여전히 포사는 활짝 웃지 않았다. 그저 입술만 살짝 움직였을 뿐이다. 유왕은 그녀의 웃음을 보기 위해 여러 방법을 동원했지만 아무 소용이 없었다. 그러던 어느 날 유왕은 ‘왕비 포사를 웃게 만들면 금 천 냥을 상으로 준다.’는 내용을 궁문 밖에 써 붙이게 했다. 이것을 보고 간신 괵석부가 유왕에게 말했다.

“봉화(외적이 쳐들어오면 연기를 피워올려 위급한 상황을 알리는 신호)를 올려 제후들을 불러들이는 장난을 치면 틀림없이 왕비가 웃으실 겁니다.”

이튿날 유왕은 낮 동안 실컷 마시고 놀았다. 저녁이 되자 병사들에게 봉화대에 불을 붙이게 했다. 봉화가 피어오르는 것을 본 제후들은 서융(중국에서 서쪽의 오랑캐를 이르던 말)이 쳐들어오는 줄 알고 군대를 이끌고 궁으로 몰려들었다. 그런데 막상 도착해서 보니 서융 군사들은 보이지 않고 흥겨운 풍악 소리만 울려 퍼졌다. 영문을 몰라 발만 동동 구르던 제후들에게 괵석부가 말했다.

“오시느라 수고들 했소이다. 별일 없으니 모두들 안심하고 돌아가시오.”

제후들은 분노가 치밀었지만 투덜거리며 말머리를 돌려야 했다. 이 모습을 내려다보던 포사가 피식 하고 웃음을 지었다. 드디어 포사가 웃는 것을 본 유왕은 너무 기뻐서 괵석부에게 금 천 냥을 상으로 내렸다. 포사에게 정신을 빼앗긴 유왕은 태자 의구를 평민으로 강등시키고 포사의 어린 아들 백복을 태자로 내세웠다.

견융족과 신후족의 군대가 주나라에 쳐들어왔을 때, 유왕은 재빨리 봉화를 올려 제후들에게 도움을 청했다. 그러나 지원군을 보내온 제후는 아무도 없었다. 바람처럼 도읍지로 쳐들어온 서융의 군사들은 유왕을 죽이고, 포사를 잡아갔다.

그 후 원래의 태자인 의구가 신후족에 힘입어 왕위에 올랐는데, 그가 바로 평왕平王이다. 견융족이 계속 변방을 침공하고 주나라의 수도인 호경을 위협하자, 기원전 770년에 평왕은 뤄양으로 도읍을 옮겼다. 이때부터 진나라가 중국을 통일할 때까지의 시대를 동주東周시대라 부르고, 그 이전을 서주西周시대라고 한다. 주나라의 혼란기에 노자는 스스로 재능을 숨겨 이름이 드러나지 않도록 애썼다.

『도덕경』, 인류 역사상 가장 값진 책으로 꼽히다

왕성하게 번창하던 주나라에 검은 구름이 뒤덮기 시작했다. 천자의 권위가 떨어지고 도덕과 예의범절, 법률이 권위를 잃어 사회질서가 무너져 내렸다. 잦은 전쟁으로 사람들은 불안과 공포에 떨었다. 결국 노자는 주나라를 떠나기로 결심하고 길을 나섰다.

한참을 걸어 노자가 한구관(동쪽의 중원으로부터 서쪽의 관중으로 통하는 관문)에 이르렀을 때, 국경을 지키던 관리 윤희에게 붙들렸다.

윤희는 어느 날 밤하늘을 관측하다가 동쪽 하늘에 있던 자줏빛 기운이 서쪽으로 흘러가는 것을 목격했다. 성인이 서쪽으로 이동하는 징조임을 알아챈 윤희는 곧바로 왕에게 한구관으로 보내 달라고 청했다. 경비 대장으로 취임한 윤희는 부하들에게 엄숙하게 명령을 내렸다.

"어딘가 남다른 풍모를 지닌 사람이 나타나면 즉시 보고하라!"

며칠 후, 푸른 소가 이끄는 흰 수레를 탄 노자가 한구관에 나타났다. 윤희는 부하의 보고를 받자마자 복장을 갖추고 달려 나가 노자를 맞이했다.

"잠시 머물다 가시지요."

노자는 윤희의 정중한 태도를 보고 그의 비범한 재능을 알아차렸다. 그리하여 그에게 도를 설파하기 시작했다.

이곳에 머무는 동안 노자는 대나무로 엮어 만든 죽간(종이가 발명되기 전에 글자를 기록하던 대나무 조각)에 5천 자

누관대 : 윤희의 요청을 받은 노자가 바로 이곳에서 『도덕경』 5천 자를 저술하여 누각 남쪽 높은 축대에서 이를 전하고, 누관대란 이름을 남겼다고 전한다.

의 글을 써 주었다. 이것이 바로 간결하면서도 심오한 철학을 담고 있는 『도덕경』이다. 그런 후에 노자는 "천 일 후에 사천성(쓰촨성)에서 만나자."라는 말을 남기고 몸에서 금빛을 내며 하늘로 올라갔다.

윤희는 관직을 그만두고 세속의 인연을 모두 끊은 채 수행에 힘썼다. 그리고 노자가 머물러 있을 때 배웠던 가르침을 한 권의 책으로 정리했다. 그것이 오늘날 도교의 경전이라 불리는 『서승경』이다. 스스로 깨달은 도교의 심오한 뜻은 『관령자』라는 책으로 남겼다.

이 책을 완성했을 때 마침 노자와 약속했던 천 일이
되어 윤희는 쓰촨성으로 떠났다.

이때 노자는 천계天界에서 다시 지상으로 내려
와, 쓰촨성에 있는 어느 이씨 집안의 아이로 태어났
다. 노자는 자신의 상징이자 호위를 맡고 있는 청룡
을 양으로 변신시켜 그 집에 머물도록 했다. 그러던
어느 날, 그 양이 없어지자 이씨 집안의 하인이 멀리
까지 찾으러 나섰다. 하인이 간신히 양을 찾아서 돌
아오는 도중에 노자를 만나러 온 윤희와 맞닥뜨렸

「도덕경」: 약 5천 자, 81장으로 구성되어
있다. 상편 37장의 내용을 「도경」, 하편
44장의 내용을 「덕경」이라고 한다.

다. 양을 본 윤희는 노자가 자신에게 보낸 심부름꾼이라는 것을 알
아채고 하인에게 양의 주인을 만나게 해 달라고 부탁했다.

하인은 집으로 돌아와서 갓난아기에게 윤희와 만났다고 말했
다. 그러자 갓난아기는 갑자기 흰빛을 내며 거대한 신의 모습으로
변신하고는 윤희를 불러들였다. 노자는 윤희의 수행을 칭찬하며,
'무상진인無上眞人'이라는 칭호를 내리고 천계의 신들을 지상으로
내려오도록 했다. 많은 신에게 축복을 받은 윤희는 그들과 함께 하
늘로 올라갔다. 신들의 위계에 따르면, 윤희는 일곱 계급 중 세 번
째로, 전설 시대의 제왕인 황제와 어깨를 나란히 하고 있다.

만약 윤희가 노자에게 글을 쓰도록 청하지 않았다면 우리는 인
류 역사상 가장 값진 책 가운데 한 권을 얻지 못했을지도 모른다.

유럽에도 일찍이 『도덕경』의 번역서가 나와 널리 읽혀져 왔다. 특히 독일의 슈테릭히는 "세계에 단 세 권의 책만 남기고 불태워 버린다면 『도덕경』이 그 세 권 가운데 들어야 한다."라고 했다.

사마천은 노자와 동일시되는 다른 인물들에 대해서도 언급하고 있다. "초나라에 공자와 같은 시대에 노래자老萊子라는 사람이 책 15권을 저술하여 도가의 정신에 대해 서술한 바 있다."라며 공자와 같은 때의 사람이라거나, "주나라의 태사(역사를 기록하던 사관)이며 위대한 점성술가인 담이 공자가 죽은 지 100년 이상 지난 때에 진秦나라 헌공을 만나 회담했다는 기록이 있는데, 어떤 이는 그가 곧 노자라고 하고, 어떤 이는 아니라고 한다."라는 여러 의견이 있다.

노자는 실존 인물이었을까?

노자가 언제 어디서 죽었는지 아무도 모른다. 그 후 노자를 본 사람이 아무도 없기 때문이다. 노자는 160세 또는 260세를 살았다고도 한다. 사마천은 이에 대해 노자가 '도를 닦아 수명을 보존했기 때문일 것'이라고 기록하고 있다. 고대 중국인들은 초인超人들이 장수한다는 것을 믿었고, 도교 신자들은 자신들의 스승이 매우 오래 살았을 것이라고 믿었다. 그런데 기원전 4세기 무렵에 살았던 장자는 노자의 죽음에 대해 얘기할 때, 아주 오래 살았다는 점을 강조하지 않았다.

심지어 노자가 역사적으로 실존했던 인물인가 아닌가 하는 논란까지 생겨났다. 그 첫 번째 이유는 현존하는 『도덕경』의 저자가 한 명이 아님이 분명하다는 사실을 들고 있다. 『도덕경』의 내용 가운데 공자 시대의 것도 있지만, 훨씬 후대의 것도 있기 때문이다. 여러 의견을 종합해 볼 때 『도덕경』은 기원전 300년 무렵에 쓰여졌을 것으로 추정된다. 따라서 어떤 학자들은 『도덕경』의 저자가 앞에서 말한 주나라의 태사 담이라고 주장하기도 한다.

어떤 학자들은 『사기』에 나오는 노자의 후손들에 대한 이야기가 신빙성이 있으며, 노자의 생애가 기원전 4세기 말이었을 것으로 추정한다. 그러나 노자의 가계家系는 역사적 사실로 밝혀지지 않았다. 다만 사마천이 살았던 시대에 이씨 가문이 노자의 후예라고 스스로 주장했다는 사실만 증명해 줄 뿐이다. 심지어 노자라는 이름은 어떤 개인이 아니라 특정 형태의 성인 집단을 가리키는 것이라는 추측도 있을 정도이다.

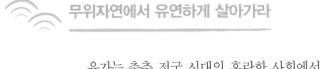

유가는 춘추 전국 시대의 혼란한 사회에서 인위적인 도덕으로 질서를 회복하려 했다. 반면 노자는 무위자연無爲自然의 도를 주장한다. 무위자연이란 사람의 힘을 더하지 않은 그대로의 자연, 다시 말해 인위人爲(사람의 힘으로 만들어진 일)를 부정하는 노장사상의 근본 개념을 가리킨다.

유가에서 말하는 도道란 인간의 윤리(사람이 마땅히 지켜야 할 도리)에 국한된 것이었다. 하지만 노자가 말하는 도는 온 천지만물, 즉 모든 자연의 원리와 법칙으로서 우주의 근본 원천을 의미한다. 그런데 이 도는 사람의 머릿속에서 생각해 낼 수도 없고, 말이나 글로 표현할 수도 없다. 도는 어떠한 빛깔도, 어떠한 소리도, 어떠한 형체도 없기 때문이다.

그러나 이 세상의 모든 존재는 도에서 생겨난다고 말할 수 있다. 도는 어떠한 시간적·공간적 한계도 갖고 있지 않기 때문에 무극無極이며 무이다. 그렇다고 해서 이 무가 단순히 텅 비어 있는 공무空無인 것은 아니고, 도리어 모든 존재를 생겨나게 하는 무라고 해야 할 것이다. 노자는 무의 효용성을 다음과 같이 비유했다.

"수레바퀴를 보면 서른 개의 바퀴살이 한 바퀴의 통에 모여 있는데, 그 가운데가 비어 있기 때문에 우리가 수레를 사용할 수 있다. 또 찰흙을 반죽해서 그릇을 만들 때에도 그 빈곳이 있기 때문에 그릇을 쓸 수 있다. 문과 창문을 뚫고 방을 만들 때에도 그 가운데 가 비어 있기 때문에 우리가 방을 쓸 수 있다. 그러므로 유有가 이용되는 까닭은 무가 작용하기 때문이다."

노자는 인간의 삶에서도 마음을 비우라고 충고한다. 덕을 두터이 지니고 있는 사람은 갓난아기와 같아서 독 있는 벌레도 물지 않고, 사나운 짐승도 덤벼들지 않으며, 사나운 새도 채가지 않는다. 이와 반대로 억지로 살려 하는 사람은 재앙에 맞닥뜨리게 되고, 억지스러운 삶을 꾸려가게 된다.

노자는 또한 무위無爲의 실천을 말한다. 여기에서 말하는 무위란 억지를 피하고 자연스럽게 행하는 것을 가리킨다. 억지로 꾸며서 하는 행위는 오래가지 못하고 금세 그치게 된다.

"키를 커 보이게 하려고 발끝으로 꼿꼿이 선 사람은 오래 서 있지 못하고, 마음이 급하여 두 다리를 크게 벌려 걷는 사람은 멀리 가지 못하며, 스스로를 나타내려는 사람은 도리어 드러나지 못한다."

흔히 사람들은 부귀영화를 좋은 것이라 여기고, 빈천굴욕貧賤屈辱을 나쁜 것이라 여긴다. 하지만 이것들은 본래 하나다. 재앙은 복이 의지하는 바이고, 복은 재앙이 깃드는 곳이다. 올바른 것이 다시 기이한 것이 되고, 길吉한 것이 다시 흉凶한 것이 된다. 굽은 나무가

제 수명을 누리고, 자벌레는 몸을 굽혔다 폄으로써 앞으로 나아가며, 물은 파인 곳에 고이기 마련이다. 옷은 닳아져야 새 것을 입고, 욕심이 적어야 만족을 얻으며, 아는 것이 많으면 도리어 미혹에 빠진다. 노자는 이러한 통찰을 얻어 우리에게 소박하고 유연하게 살아갈 것을 강조하고 있다.

노자는 정치가가 말이 많아서는 안 된다고 했다. 통치자 역시 많은 법률을 만들지 말고 담담하게 덕을 펴나가기만 하면 된다. 정치가가 위선을 부리거나 힘으로 다스리려 하면 백성들이 불신하고 경멸하게 된다. 천하에 금기 조항이 많을수록 백성은 더욱 가난해지고, 백성들에게 편리한 기구가 많이 나올수록 나라는 더욱 어지러워지며, 사람들의 재주가 많아질수록 기이한 물건이 많이 나오고, 법령이 밝아질수록 도적도 더 많아진다. 현자를 특별 대접하지 말아야 백성들이 서로 다투지 않게 되고, 얻기 힘든 재물을 귀하게 여기지 않아야 백성들이 도적질할 마음을 먹지 않게 되며, 욕심낼 만한 것을 드러내 보이지 않아야만 백성들의 마음이 어지럽지 않게 된다. 또, 유가의 대통일 국가라는 이상에 맞서 노자는 소국과민이라는 이상사회를 그렸다. 인위적인 도덕과 잡다한 지식에서 벗어나 소박하게 생활하는 것이 가장 행복한 삶이며, 군주는 백성들의 이러한 삶을 보장하기 위해 무위의 정치를 시행해야 한다고 했다.

노자

　　노자(B.C. 6세기 무렵)는 도가와 도교의 시조로 알려져 있다. 사실 도가와 도교는 같지 않다. 도가는 인간이 자연의 명령에 따르며 욕심 없이 깨끗하게 살아야 한다고 주장하는 노자와 장자의 철학 사상을 가리킨다. 도교는 "모든 인간은 자연 그대로 놔두면 반드시 죽게 되어 있기 때문에, 자연에 거슬려 우리의 운명을 바꿔야 한다."라고 주장하는 종교적 입장으로 불로장생의 신선이 되는 것을 이상으로 삼고 있다.

　　위대한 사상가들이 뛰어난 제자들을 많이 배출하는 데 반해, 노자에게는 그 깊고 오묘한 사상을 계승하고 발전시킬 만한 제자들이 없었다. 노자의 학설이 후대의 사상가들에 의해 왜곡되고 변질되어 큰 영향력을 발휘하지 못한 것은 그런 이유 때문이다. 더구나 무술巫術이나 불로장수법과 같은 미신과 뒤섞여 버리면서 노자의 순수한 이론과 거리가 멀어졌다. 그러나 인간성 상실이라는 큰 위협에 직면해 있는 현대에 들어와 노자사상은 서양 철학자들의 관심을 끌고 있다.

4

장자
莊子

도를 위해
사사로운 마음을 버려야 한다

장자의 본명은 장주莊周이고, 중국 송나라 몽현에서 태어났다. 이
곳은 호수와 숲이 많아 경치가 아름답고 기후가 온화하여 장자의
정신세계에 큰 영향을 주었으리라 추측된다.

장자가 처음에 공자의 제자인 전자방에게 배웠다는 이야기도
있는데, 확실하지 않다. 남에게 배우기보다 스스로 책을 읽으며
독자적인 사상 체계를 형성해 나갔다는 의견에 더 설득력이 있다.

장자가 결혼한 지 얼마 되지 않았을 때 아내가 죽고 말았다. 친
구인 혜시(장자의 친구이자 논적. 위혜왕 때의 재상)는 형편이 어려웠을 때 장
자의 집에 묵으면서 그 아내에게 폐를 많이 끼치기도 해서 안타까움
이 더 컸다. 혜시는 조문을 하기 위해 부랴부랴 송나라로 달려갔다.
그런데 장자가 마당에 두 다리를 뻗고 앉아 항아리를 두드리며 노래
를 부르고 있는 게 아닌가. 혜시는 장자가 너무 큰 충격을 받아 제정
신이 아닌 모양이라고 생각했다. 그러나 아무리 살펴보아도 미친 것
같지 않아 따져 물었다.

아내의 단잠을 방해하고 싶지 않네

"자네는 지금까지 아내와 잘 살아왔고, 부인 또한 자식을 낳아 기르면서 자네를 섬기며 살지 않았나? 그런 부인이 죽었는데 곡을 하기는커녕 항아리를 두드리면서 노래를 부르다니 너무 심한 거 아닌가? 다시 결혼할 생각을 하니 기뻐서 그러는가?"

장자: 속세를 벗어나 유유자적한 삶을 살고자 했다. 그가 쓴 『장자(남화경)』는 우화 형식으로 되어 있다.

비난을 넘어 조롱을 하는 혜시의 말에 장자가 진지하게 대답했다.

"그렇지 않다네. 나도 처음에는 놀라고 슬퍼서 소리 내어 울었다네. 그런데 가만히 생각해 보니 우습다는 생각이 들었네. 아내는 본래 삶도 없고, 형체도 없고, 그림자도 없었네. 그러던 어느 날 큰 혼돈 속에서 음양의 두 기氣가 일어나 형체가 이루어지고 삶이 주어졌네. 그러다가 이제 다시 삶에서 죽음으로 돌아갔네. 이것은 봄, 여름, 가을, 겨울이 변하는 것처럼 너무 자연스런 일이 아닌가? 지금쯤 내 아내는 천지天地라는 한 칸의 큰 방 안에서 단잠을 자고 있을 걸세. 내가 만일 큰소리를 내어 운다면 천지간에 어두운 사람이 되고 말 걸세. 또 내가 시끄럽게 곡을 한다면 아내의 단잠을 방해하지 않겠는가?"

혜시는 장자가 슬픔을 달래기 위해 억지 주장을 펴고 있다고 생각하면서도 그 말에 일리가 있다고 생각했다.

"아내의 잠을 방해하지 않으려고 곡을 하지 않는다면 노래도 부르지 말게. 자네 노래가 자장가도 아니지 않은가?"

혜시의 말을 듣고 장자는 노래 부르기를 멈추었다. 장례식이 모두 끝나고 나서 혜시가 장자에게 다시 물었다.

"자네는 장례식을 치르는 동안 전혀 슬퍼 보이지 않더군. 도내체 정이라고는 눈곱만큼도 없는 것처럼 보였네. 어찌 사람으로서 정을 가지지 않을 수 있는가?"

"물론 정을 가지지 않을 수 있다네."

"정이 없는 사람을 어찌 사람이라 하겠는가?"

"하늘이 사람의 형체를 부여했으니 사람이라 해야지. 그럼 뭐라 하겠는가?"

"아무리 사람의 형체를 가졌다 한들, 정이 없는 사람은 사람이라 부를 수 없다네."

"내가 정이 없다는 것은 정에 사로잡히지 않는다는 뜻이네. 좋고 싫음에 사로잡혀 몸을 해치는 일 없이 자연의 순리에 따라 인위적인 노력을 하지 않는다는 것을 말하지."

"인위적인 노력을 하지 않는다면 자기 몸도 보전할 수 없지 않은가?"

장자는 답답하다는 듯 머리를 몇 번 가로젓고 나서 단호한 어조로 말했다.

"인간은 이미 주어진 존재네. 도道가 모습을 주고 하늘이 형체를 주었지. 그러니 좋아하는 것과 싫어하는 것을 따지면서 몸을 상하게 하지 말라는 것일세. 그런데 자네는 끊임없이 따지면서 몸을 상하게 하고 정신을 괴롭히고 있네. 나무에 기대어서도 무언가를 생각하고 오동나무 책상 앞에 앉아서도 무언가를 생각하느라 자신의 몸을 망치고 있지. 왜 그렇게 쓸모없는 논쟁을 일삼고 있는가? 하늘이 내려 준 형체 그대로 살아가게나."

붕어 한 마리를 위해 강의 물을 끌어다 쓰랴

장자는 젊은 시절에 잠시 하급 관리로 일한 적이 있다. 이때 경제적으로 매우 어려워 끼니를 굶을 지경이었다. 장자는 치수(물을 관리하는 일)를 담당하는 관리에게 쌀을 좀 빌려 달라고 청했다. 그러자 관리가 이렇게 말하는 것이었다.

"내가 수확기에 전세田税(밭을 빌려준 대금)를 받으면 300냥을 빌려주겠소."

기가 막힌 장자가 말했다.

"내가 이리로 오는데 누군가가 불러 주변을 둘러보았더니, 시궁

창에 붕어 한 마리가 보였소. 그 붕어가 나에게 하는 말이 '나는 동해의 신하인데, 어쩌다 이런 신세가 되었습니다. 그러니 나에게 물 한 말을 주어 살려 주십시오.' 하는 것이었소. 그래서 내가 남쪽에 있는 오나라와 월나라의 군주를 만나 큰 강의 물을 끌어다가 환영하라고 청하겠다고 했소."

장자가 오나라와 월나라의 군주 이야기를 한 데는 이유가 있다. 춘추 시대 말기에 5패의 반열에 오른 오나라와 월나라는 서로 이웃에 있으면서도 원수처럼 으르렁대는 사이였다. 오나라의 왕 합려는 『손자병법』을 쓴 손무와 충신 오자서의 보필을 받아 당시의 제후국들을 굴복시키고, 춘추5패의 반열에 올랐다. 그런데 기원전 496년에 월나라를 쳤다가 월나라 왕의 구천에게 패하고, 손가락에 입은 상처가 원인이 되어 죽고 말았다. 합려는 태자인 부차에게 "월나라를 절대로 잊지 말라!"는 유언을 남기고 눈을 감았다.

2년 후 월나라의 왕 구천은 부차가 밤낮으로 병사들을 훈련시킨다는 말을 듣고 선제공격했다가 도리어 크게 패하고 말았다. 부차는 그 기세를 몰아 월나라의 수도 회계를 포위했다. 구천은 남은 군사 5천 여 명을 데리고 회계산 꼭대기로 피신하여 오나라의 대부

백비(감언이설과 아첨에 능한 간신. 부차를 그릇된 길로 이끌어 오나라가 망하는 데 결

정적인 역할을 했다. 후에 월나라의 왕 구천에게 처형당했다.)에게 많은 예물을 바치고 강화를 요청했다. 부차는 월나라와 강화한 후, 구천을 불러 자신의 노예로 삼았다. 구천은 3년 동안 부차의 마구간에서 말 먹이 주는 일을 했고, 부차가 병이 들었을 때는 대변까지 맛보면서 간호했다. 이러한 정성 때문이었는지 부차는 구천을 석방시켜 주었다.

월나라로 돌아온 구천은 앉아서도 누워서도 옆에 놓아둔 쓸개를 바라보며 복수를 다짐했다. 여기에서 '땔나무 위에 눕고 쓸개를 맛본다.'는 와신상담臥薪嘗膽이란 말이 유래했다. 구천은 손수 밭을 갈았고, 부인은 길쌈을 했다. 고기를 입에 대지 않았고, 현인賢人을 찾아다녔으며, 백성들과 즐거움과 고통을 함께했다. 신하 문종에게는 나라 살림을 다스리게 하고, 범려에게는 군대 양성을 맡겼다. 구천은 10년 계획을 세워 전쟁을 준비했다. 그러던 중에도 오나라의 왕 부차가 제齊나라를 공격할 때 월나라에 전쟁에 참가할 것을 요청하자, 군사를 파견하여 부차의 환심을 샀다.

그 후 구천은 오나라를 혼란스럽게 만드는 작업을 시작했다. 뇌물을 바쳐 백비를 매수했고, 부차에게는 절세미인 서시를 바쳤다. 구천의 계략이 통해 오나라에는 간신배 세력이 커지고, 충신들은 왕의 의심을 사 죽어 나갔다.

그로부터 2년 뒤, 부차가 또다시 북쪽 지방을 치러 갔을 때 구천이 오나라에 침입하여 태자를 잡아 죽였다. 이를 전해 들은 부차가 월나라에 사신을 보내 강화를 요청하자 구천은 수락했다. 오나라의 군대가 돌아와 전쟁을 벌일 경우, 승패를 예측할 수 없었기 때문이다. 강화를 맺은 후에 월나라는 계속 군비를 확충하여 4년 후에 오나라를 공격했고, 3년 동안 오나라의 수도를 포위했다. 부차는 더 이상 버틸 수 없어 구천에게 항복했고, 월나라는 그 여세를 몰아 춘추 시대 최후의 패자(제후의 우두머리)가 되었다.

오나라와 월나라는 철천지원수 사이였다. 그런 나라끼리 협력하여 물을 끌어오게 한다는 말은 아예 불가능한 일이라는 뜻이어서 그럴 마음이 없다는 의미이다. 장자는 오나라와 월나라의 비유를 통해 사람이 어려움에 처했을 때 조금만 도와주면 될 것을 허무맹랑한 말로 희롱한 관리를 꾸짖은 것이다.

살아서 흙탕물 속에서 꼬리 치고 살겠소

장자는 아내가 세상을 떠나자 관리 생활을 그만두고 이리저리 떠돌아다녔다. 그는 세상의 권세나 부귀를 하찮게 여겼다. 초나라 (주周 왕조 시대 때 전국칠웅戰國七雄의 하나로 세력을 떨치던 제후국. 그러나 기원전 223년 진나라에 패해 망함.) 위왕威王이 장자의 명성을 듣고 재상으로 뽑아 쓰려고 했다. 그래서 천금千金의 선물과 함께 대부 두 사람을 보내 데려오도록 했다. 그들은 석 달을 헤맨 끝에 물가에서 낚시질을 하고 있는 장자를 찾아냈다. 장자는 낚싯대를 잡은 채 돌아보지도 않고 말했다.

"천금은 대단한 돈이고, 재상은 고관 중의 고관이지요. 그런데 소문을 듣자 하니 초나라 조정에는 죽은 지 3천 년이나 지난, 신령한 거북이 있다지요? 왕이 그 거북을 비단으로 잘 싸서 종묘(왕실의 사당)에 모셔 두고 길흉을 점친다고 들었습니다. 그 거북이 정말로 신령하다면 죽어서 그 껍질로서 사람들의 존경을 받겠습니까? 아니면 살아서 흙탕물 속에서 꼬리 치며 살겠습니까?"

거북점: 중국 고대, 은나라 때에는 거북의 복갑(배를 싸고 있는 단단한 껍질)이나 짐승의 뼈를 불에 태워 그 갈라진 상태로 국가의 큰일에 대해 점을 쳤다. 거북점은 많은 점 중에서도 가장 권위가 있었다.

"두말할 필요가 있겠습니까? 흙탕물 속에서 자유로이 꼬리 치며 사는 편이 좋겠지요."

대부의 대답이 떨어지기 무섭게 장자가 말했다.

"그럼 어서들 돌아가시오. 나도 살아서 흙탕물 속에서 꼬리 치며 살고 싶은 사람이라오."

권력에 아부하며 부귀영화를 누리다가 어느 날 갑자기 죽임을 당하는 것보다는, 차라리 욕심 없이 유유자적하며 살고 싶다는 말이었다.

혜시가 양나라의 재상이 되자 장자가 그를 만나러 갔다. 어떤 사람이 이 소식을 미리 알고 혜시에게 귀띔해 주었다.

"곧 장자가 찾아온다 하오. 뛰어난 장자가 나타나면 당신의 재상 자리를 보전할 수 있을까 걱정이오."

이 말을 들은 혜시는 안절부절못했다. 하루라도 빨리 장자의 속마음을 들어야 안심할 수 있을 것 같았다. 부하들을 불러 장자를 찾아오라고 명령했다. 그들은 꼬박 사흘을 찾아다녔지만 장자를 찾아내지 못했다. 그때 장자가 스스로 혜시를 찾아와 말했다.

"남쪽 지방에 봉황새(중국의 전설에 나오는 행운의 새)의 일종인 원추鵷鶵라는 새가 한 마리 있었다네. 원추는 남쪽 바다에서 북쪽 바다로 곧장 날아간다네. 그 새는 아무리 여행길이 멀어도 오동나무가 아니면 쉬지 않고, 대나무 열매가 아니면 먹지 않으며, 영천(신기한 약효가 있는 샘)의 물이 아니면 마시지 않는다네. 그러던 어느 날 솔개 한 마리가 썩은 쥐 한 마리를 물고 원추의 아래를 지나가고 있었다네. 원추가 자기 먹이를 빼앗지 않을까 염려하여 솔개가 머리를 쳐들고 끼 하고 크게 울었다고 하네. 지금 그대는 그 솔개처럼 양나라의 재상 자리를 빼앗길까 두려워 큰소리를 지르고 있는 것이 아닌가?"

장자가 '혜시 너는 지금 썩은 쥐와 다름없는 알량한 벼슬자리를 빼앗길까 봐 전전긍긍하는데, 나는 그런 것에 전혀 관심 없으니 너나 잘해 먹어라!'라고 친구를 비웃은 것이다. 벼슬자리에 눈이 멀었던 혜시는 부끄러워하지도, 화를 내지도 않았고, 오히려 크게 안심했다. 그래서 아주 홀가분한 마음으로 왕과 장자의 만남을 주선했다.

장자는 거친 베로 지은 누더기를 걸치고 다 떨어진 신을 노끈으로 묶어 신고 양혜왕 앞에 나섰다. 장자의 초라한 몰골에 놀란 양혜왕이 물었다.

"당신은 어째서 그런 모습으로 굴러다니는가?"

"옷이 헤지고 신발이 떨어졌다고 하여 굴러다닌다고 말할 수는 없지요. 오히려 도덕을 알면서도 행할 줄 모르는 사람이 굴러다닌다고 말해야 옳지 않겠습니까. 제가 이렇게 초라한 모습으로 다니는 것은 불행한 시대에 태어나 성군을 만나지 못한 탓인데, 제게 별다른 방법이 있겠습니까?"

양혜왕은 몹시 화가 났지만 달리 할 말이 없었다.

송나라에 조상曹爽이라는 가난한 선비가 살았다. 조상은 왕명을 받고 진나라에 사신으로 갔다. 떠날 때는 불과 몇 량의 수레만 가져갔는데, 돌아올 때는 진시황제의 선물을 100량의 수레에 가득 싣고 돌아왔다. 조상이 장자를 찾아가 이것을 자랑했다.

"나는 본래 가난한 집에서 태어나 얼굴이 누렇게 뜨고 목뼈가 앙상히 드러났었소. 그런데 말 한마디로 진시황제를 기쁘게 하여 100

량의 수레를 끌고온 덕에 이제 부귀영화를 누리게 되었지 뭐요."

"언젠가 진나라 왕이 병들었을 때 의사에게 고름이 가득 찬 종기를 손으로 터뜨려 주면 한 량의 수레를 주고, 입으로 빨아내면 다섯 량의 수레를 준다고 했소. 당신이 그렇게 많은 것을 얻어 온 걸 보니 종기를 엄청나게 빨아 준 모양이구려. 나까지 더러워지기 전에 썩 일어나시오."

장자는 부끄러움도 모른 채 명예를 부귀와 바꿔 온 조상을 크게 꾸짖었다.

 ## 헤시를 잃고 마음 아파하다

장자는 세상 사람들과는 논쟁을 하지 않았지만 친구인 혜시를 만나면 통쾌한 논쟁을 벌였다. 그런 혜시를 잃고 난 후에 제자들에게 친구를 그리워하는 마음을 이렇게 말했다.

"초나라에 사는 어떤 사람이 자기 코에 파리 날개처럼 얇게 횟가루를 묻히고 석수장이를 찾아갔다. 그리고 정(돌을 다듬는 데 사용하는 끝이 뾰족한 쇠 연장)으로 쳐서 횟가루를 떨어내 보라고 주문했지. 석수장이가 코에 정을 대고 망치로 쳐서 횟가루를 떨어냈는데 코는 하나도 다치지 않았다. 송나라 왕이 그 이야기를 듣고 석수장이를 불러 자신의 코에도 횟가루를 묻힐 테니 떨어내 보라고 명령을 내렸다. 석수장이는 자신은 그럴 수 없다고 아뢰었다. 그 이유를 묻자 석수장이는 왕은 자신의 재주를 펴 보일 수 있는 상대가 아니어서 그렇다고 대답했다. 여기서 말하는 석수장이가 바로 나이고, 그 상대가 혜시니라. 나는 변론(사리를 밝혀 옳고 그름을 따지는 일)의 상대를 잃어버렸도다!"

장자와 혜시는 만날 때마다 서로 입씨름하며 으르렁댔다. 그러나 그 상대를 잃고 나니 그동안 미운 정 고운정 다 든 친구였음을 깨닫고 마음 아파한 것이다.

하늘과 땅을 관으로 삼다

장자가 죽음을 앞두고 있을 때 제자들은 스승의 장례 문제를 놓고 논쟁을 벌였다. 그러자 장자가 제자들을 불러 이렇게 말했다.

"염려하지 마라. 나는 천지를 관으로 삼고, 해와 달을 벗으로 삼으며, 별들을 보석으로 삼고, 만물을 휴대품으로 삼으니 장례에 필요한 모든 것이 갖추어진 셈이다. 여기에 무엇을 더 좋게 할 수 있겠느냐?"

"선생님! 관이 없으면 까마귀나 독수리 떼들이 뜯을까 걱정입니다."

제자들이 걱정하자 장자가 다시 말했다.

"땅 위에 시체를 버리는 것은 까마귀나 독수리 떼에게 뜯어먹도록 주는 것이고, 땅 밑에 시체를 묻는 것은 개미 떼나 땅강아지에게 먹도록 주는 것인데, 이 둘이 다를 게 무엇이냐? 이것은 이쪽에서 식량을 빼앗아 저쪽에 보내는 것과 하나도 다를 게 없느니라."

내가 나비인가, 나비가 나인가

장자와 관련된 가장 유명한 이야기는 『장자』의 「제물론 편」에 나오는 '장주와 나비'이다.

장자는 어느 날 나비가 되어 꽃들 사이를 즐겁게 날아다니는 꿈을 꾸었다. 그러다가 문득 깨어 보니 분명 나비였던 몸이 장자 자신이 되어 있었다. 이때 장자는 한 가지 의문을 품게 되었다.

'내가 꿈속에서 나비가 되었는가, 아니면 나비가 꿈에 장주가 된 것인가?'

장자와 나비는 분명 별개의 존재이다. 그런데 그 구별이 애매한 것은 무엇 때문일까? 사실 장자와 나비는 겉으로 보기에는 구별이 되고 차이가 있어도 절대적인 변화는 없다. 장자가 곧 나비이

고 나비가 곧 장자라는 것, 바로 이것이 물아일체物我一體(바깥 사물과
내가 하나가 된다는 뜻임.)의 경지이다. 사물과 나 자신의 구별이 없는 절
대 경지에서 보면 장자와 나비 사이에는 구별이 없다. 그러므로 호
접지몽胡蝶之夢이란 물아일체의 경지, 또는 인생의 무상함을 뜻하
는 말이 된다.

　　장자가 언제 태어나서 언제 죽었는지는 확실하게 알려져 있지
않다. 그런데도 장자가 쓴 문학을 모방하려는 사람이 많았다. 우화
형식으로 쓴 장자의 문장은 내용이 대부분 허구적이지만 그 의미는
무궁무진하다.

장자

　중국 전국 시대의 철학자인 장자(B.C. 369년~B.C. 289년경)는 만물은 도道에서 생겨나고, 다시 도로 돌아간다고 보았다. 그러므로 진정 도를 깨닫는 사람은 삶을 기뻐하거나 죽음을 슬퍼하지 않고, 성공을 과시하거나 실패를 탓하지 않으며, 억지로 일을 꾸미지도 않는다고 했다. 이 세상에서 일어나는 모든 일에서 한쪽의 완성은 다른 쪽의 파멸을 뜻하기 때문에 전체적인 질서에는 변함이 없다. 따라서 인간이 살고 죽는 것과 화를 입고 복을 받는 것에 집착할 필요가 없다고 했다.

　첫째, 장자는 유가의 인위적인 도덕에 반대했다. 어떤 도덕을 강요하는 것은 마치 땅에 금을 그어 놓고 달리게 하는 일처럼 위험하고 답답한 일이라고 했다. 둘째, 장자는 생명 존중의 윤리를 주장했다. 예컨대, 백이와 숙제는 주나라 무왕이 은나라를 공격하려는 것을 막으려다가 실패하자 수양산에 들어가 굶어 죽었다. 춘추 시대의 큰 도둑 도척은 자신의 이익과 욕망을 좇다가 처형 당했다. 이 두 사람은 죽은 원인은 크게 다르지만 목숨을 해친 점에서는 같다. 그런 점에서 대의명분과 자신의 명예를 위해 죽은 백이는 옳고 도척은 잘못했다고 말할 수 없다. 물론 그 의미를 따지면 비교할 수 없지만 생명을 지키고 몸을 보존하는 일보다 더 위대한 도덕은 없다는 것이다.

셋째, 장자는 태어난 대로, 생긴 대로 사는 것이 행복이라고 주장했다. 물오리는 다리가 짧지만 그것을 이어 주면 도리어 괴로워하고, 학은 다리가 길지만 그것을 자르면 오히려 슬퍼한다. 본래부터 긴 것을 잘라도 안 되지만, 짧은 것을 이어 주어도 안 된다. 공자와 묵자, 노자와 장자는 백성을 불쌍히 여기고 혼란한 세상을 바로잡아야 한다는 점에서는 생각이 같았지만 그 방법은 서로 달랐다. 공자와 묵자는 직접 사회 개혁에 뛰어들어 문제를 해결하려 했고, 노자와 장자는 문제가 자연적으로 치유되기를 바랐다.

　　노자와 장자 사이에도 약간의 차이가 있다. 노자가 정치와 사회 현실에 어느 정도 관심을 가지고 있었다면, 장자는 개인의 안심입명安心立命(어떤 것에도 흐트러지지 않는 평정한 마음 상태)에만 몰두했다. 노자는 혼란한 세상을 구하기 위해 무위자연을 주장했고, 장자는 속세를 벗어나 유유자적悠悠自適(어떤 것에도 얽매이지 않고 자유로이 살아가는 모습)하고자 했다. 노자가 자연의 원리와 그 응용을 가르쳐 주었다면, 장자는 천지와 하나가 되는 원리를 가르쳤다고 할 수 있다.

　　노자가 쓴 『도덕경』은 깊은 사색을 필요로 하는 철학적인 작품인 데 비해, 장자가 쓴 『남화경』은 읽는 사람이 그 내용에 마음을 빼앗겨 자기 자신을 잊게 만드는 문학적 작품이다.

5

관중

管仲

백성들이 잘살아야 나라가 부강해진다

法家

관중은 공자보다 100여 년 정도 앞선 춘추 시대 때의 제나라 사람이다. 그는 매우 가난한 환경에서 자랐고, 하는 일마다 실패하여 고난과 좌절의 세월을 보냈다. 관중의 신세를 두고 맹자가 이렇게 말할 정도였다.

"하늘이 장차 이 사람에게 큰 임무를 내려 주고자 하면, 먼저 반드시 그 마음을 괴롭히고, 뼛골을 수고롭게 하며, 배를 곯리고, 몸을 텅 비게 하여 행위를 어지럽히며, 심성을 억눌러 불가능한 일을 더욱 불가능하게 만든다."

사면초가四面楚歌(사방이 모두 적에게 포위된 상태를 일컫는 말)에 몰린 관중에게 그나마 한 줄기 빛이 있다면 바로 친구 포숙이었다. 관중이 포숙을 만나지 못했다면 벼슬은 말할 것도 없고 세상을 살아가기도 벅찼을 것이다.

관중과 포숙은 일찍이 난양(중국 허난성 남서부에 있는 도
시)에서 장사를 하여 큰돈을 벌었다. 동업을 했으니 똑
같이 나누어 갖는 게 맞지만, 포숙은 관중의 형편이 어
렵다는 사실을 알고 돈을 더 많이 주었다. 관중도 포숙
을 위해 여러 차례 일을 계획하기는 했다. 하지만 어찌
된 영문인지 관중이 하는 일은 모두 실패로 끝났다. 그
럴 때마다 포숙은 "운이 없어서 그렇지, 자네의 능력이
없어서 그런 게 아닐세."라고 관중을 위로했다.

관중 : 혼란스러운 춘추 시대에 정치,
외교, 국방, 경제 면에서 뛰어난 리더
십을 발휘했다.

관중은 벼슬길에 세 차례 올랐으나 매번 낮은 관직
으로 밀려났고, 전쟁에 세 차례 참가했으나 모두 패배
하여 도망쳐야 했다. 이런 일이 반복되자 관중은 세상 사람들로부
터 버림받다시피 했다. 그러나 포숙은 관중이 큰 뜻과 웅대한 포부
를 품고 있다는 것을 알아주었고, 용기를 북돋워 주었다. 포숙의 극
진한 우정에 대해 관중은 훗날 이렇게 기억했다.

"우리 둘이 장사를 하여 이익을 나눌 때마다 내가 더 많은 몫을
가졌다. 하지만 포숙은 내가 욕심이 많다고 비난하지 않았다. 내가
가난한 것을 알고 있었기 때문이다. 또, 내가 어떤 일을 하다가 실
패하여 매우 어려워졌을 때에도 포숙은 나를 어리석다고 비난하지

않았다. 상황에 따라 일이 잘될 수도 있고, 안 될 수도 있다는 것을 알았기 때문이다. 내가 세 번 벼슬길에 나갔다가 세 번 모두 임금에게 쫓겨났지만, 포숙은 나를 무능하다고 말하지 않았다. 내가 능력을 보일 수 있는 운을 만나지 못한 것을 알았기 때문이다. 그리고 내가 전쟁에 세 번 나가 세 번 모두 패하여 달아났지만, 포숙은 나를 겁쟁이라고 말하지 않았다. 나에게 늙으신 어머니가 있는 것을 알았기 때문이다. 세상에 나를 낳아 준 이는 부모지만, 나를 진정으로 알아준 이는 포숙이었다."

관중과 포숙의 우정에서 매우 친한 친구 사이의 우정을 일컫는 관포지교管鮑之交라는 말이 생겨났다.

관중, 적국의 재상으로 등용되다

관중은 많은 일에서 실패했지만, 큰일에서는 날카로운 통찰력과 책략을 발휘했다. 이 무렵 제나라의 희공은 아들 제아를 태자로 세우긴 했지만, 조카 공손 무지를 총애하여 태자와 동등하게 대우했다. 그것이 못마땅했던 태자는 임금(제나라 양공, 춘추 시대 14대 임금)이 되자 공손 무지의 대우를 깎아내렸다. 이 때문에 공손 무지는 양공을 원망하기 시작했다.

양공은 임금의 자리에 있는 동안 국력을 키워 주변의 많은 나라를 따르게 했다. 그런데 어느 날부터 잔인무도해지기 시작하더니 아무 죄 없는 사람을 죽이는가 하면, 노나라 환공의 부인과 정을 나누기까지 했다.

아내 문강이 양공과 정을 통한다는 사실을 알고 노환공은 크게 화를 냈다. 이 소식을 듣고 제양공은 환공을 죽이기 위해 연회를 열었다. 연회 자리에서 환공이 술에 취하자 천하장사 팽생이 번쩍 안아 수레에 태웠다. 수레가 숙소에 도착했을 때, 환공은 이미 숨이 끊어져 있었다. 양공의 지시를 받은 팽생이 환공을 수레에 태우면서 갈비뼈를 으스러뜨렸기 때문이다.

노나라는 분하고 억울했지만, 국력이 제나라에 미치지 못해 전쟁을 선포할 수 없었다. 고작 팽생을 처단하라고 요구했을 뿐이었다. 양공은 팽생을 희생양으로 삼아 노나라의 항의를 무마시켰지만 백성들로부터 인심을 크게 잃었다.

나랏일에는 도통 관심이 없는 양공의 행보를 지켜보던 관중은 '장차 이 나라에 큰 난리가 일어날 것'이라고 예견했다. 관중은 양공의 아우인 공자(지체 높은 집안의 아들을 가리키는 말) 규를 모시고 노나라로 달아났고, 포숙은 공자 소백(공자 규의 이복동생)과 함께 거莒나라로 달아났다.

기원전 685년, 결국 양공은 대부 연칭과 관지보의 손에 죽임을 당했다. 그들은 양공의 사촌 공손 무지를 왕으로 세웠다. 그러나 얼마 지나지 않아 공손 무지도 연칭, 관지보와 함께 대부 옹름에게 살해당하고 말았다. 왕실의 혼란이 거듭되자, 자연스럽게 새로운 임금을 모시자는 분위기가 거세졌다. 그래서 규와 소백 중 누가 임금 자리를 차지하느냐 하는 문제가 대두되었다. 관중과 포숙은 본의 아니게 대립 관계가 되고 말았다. 관중은 규 공자 편에 서서 군대를 이끌고 소백을 공격했다. 이때 관중이 쏜 화살이 소백의 허리띠에 꽂혀 소백은 간신히 목숨을 건졌다. 치열한 다툼 끝에 마침내 소백이 승리하여 왕위에 올랐다. 그가 바로 제나라의 환공이다.

환공은 공자 규를 죽이고 관중을 감옥에 가두었다. 그리고 자신을 보필한 포숙을 재상 자리에 앉히려 했다. 누가 보아도 당연한 처사였다. 그러나 포숙은 환공에게 관중을 살려 줄 것을 간청했다.

"폐하, 저보다 관중이 더 훌륭합니다. 그야말로 뛰어난 재주를 지닌 인물입니다. 나라의 앞날을 위해 원수의 감정을 씻어 버리시고 관중을 재상으로 등용하십시오."

환공은 포숙의 청을 받아들였다. 천하를 다스리기 위한 꿈을 이루기 위해서였다. 포숙의 추천으로 재상이 된 관중은 40여 년이나 환공을 도왔다. 관중의 보좌 덕분에 환공은 춘추5패의 한 사람이 되었고, 제나라 군주가 된 지 7년 만에 중국 내의 모든 제후들을 통솔하는 자리에 오르게 되었다.

늙은 말과 개미의 지혜를 빌리다

어느 해 봄, 환공이 관중과 습붕을 데리고 고죽국(현재 중국 허베이 성 탕산 시에 존재했던 나라) 정벌에 나섰다. 고죽국은 작고 힘없는 나라여서 금방 결판을 낼 수 있을 것이라고 여겼다. 하지만 고죽국의 완강한 저항이 이어지면서 싸움이 예상 외로 길어졌다. 겨울이 되어 추워진 날씨 탓에 전쟁은 지지부진한 상태로 겨우 끝이 났다. 이때 관중이 왕에게 말했다.

"매서운 추위가 몰아치기 전에 어서 돌아가야 할 것 같습니다. 그렇지 않으면 군사들을 더 많이 잃게 될 것입니다."

"과인도 그렇게 생각하오."

군대는 지름길을 찾아 가려다가 사막에서 길을 잃고 말았다. 군사들은 우왕좌왕했고, 환공은 이럴 때 적의 기습이라도 받게 될까 걱정이었다.

"내가 너무 성급했던 것 같소. 지름길을 고집하는 게 아닌데……. 이 노릇을 어쩌면 좋단 말이오."

환공이 한숨을 내쉬자 관중이 지혜를 발휘했다.

"이럴 때는 '늙은 말의 지혜'를 빌려 보면 어떨까 합니다."

"늙은 말의 지혜라니?"

관중은 늙은 말 한 마리를 자유롭게 풀어놓았다. 오랜 경험을 쌓은 말은 후각과 본능에 의지하여 터벅터벅 걸어가기 시작했다. 관중은 군사들로 하여금 그 뒤를 따르게 했다. 그랬더니 얼마 안 가서 큰 길이 나타났다. 이를 일컬어 노마지지老馬之智(늙은 말의 지혜라는 뜻)라 한다. 아무리 하찮은 것이라도 저마다 재주나 장점을 지니고 있다는 뜻이다.

계속되는 행군으로 이번에는 먹을 물이 떨어졌다. 여러 날이 지나도 물을 찾을 수 없었고, 말과 병사들은 목이 말라 한 걸음도 움

직일 수 없는 지경이었다.

"평지라면 하다못해 얼어붙은 냇물이라도 눈에 띌 텐데, 이를 어쩌면 좋소. 겨울이라 계곡물도 마른 지 오래되었고……."

그러자 이번에는 습붕이 지혜를 발휘했다.

"개미는 원래 여름엔 산 북쪽 응달에 집을 짓고 살고, 겨울에는 산 남쪽 양지바른 곳에 집을 짓고 삽니다. 흙이 한 치(대략 3.03센티미터)쯤 쌓인 개미집이 있으면 그 아래 땅속 일곱 자(대략 2미터) 되는 곳에 물이 있을 것입니다. 모든 동식물이 수분을 섭취해야 살 수 있듯이 개미도 마찬가집니다."

군사들이 산을 뒤져 개미집을 찾은 다음, 그곳을 파 내려가자 과연 샘물이 솟아났다.

400여 년 후에 한비가 이 일을 빗대어 한탄했다.

"관중의 총명함과 습붕의 지혜로도 모르는 것을 늙은 말과 개미로부터 배웠다. 당시 사람들은 그것을 수치로 여기지 않았다. 그런데 오늘날 사람들은 자신이 어리석음에도 불구하고 성현의 지혜를 배우려 하지 않는다. 이것은 잘못된 일이 아닌가?"

포숙은 재상감이 아닙니다

환공은 자신의 힘으로 천하의 패자가 될 정도의 인물은 아니었다. 『사기』에도 "환공이 제후를 호령하여 천하의 도를 바로잡은 것은 관중의 계략에 의한 것이다."라는 기록이 있다.

관중의 사람됨이나 사상에 반감을 가졌던 공자도 그의 정치적인 공적만큼은 인정했다. 『논어』에 그 이야기가 나온다.

"자공이 공자에게 '관중은 인의가 없는 인간입니다. 자기가 모시던 군주를 위해 따라 죽지는 못할망정, 오히려 자신의 군주를 죽인 환공을 받들어 모시지 않았습니까?'라고 말했다. 그러자 공자는 '관중은 환공을 도와 제후들을 가르쳐 이끌고 천하의 평화를 유지시켰다. 백성들은 지금도 그 은혜를 입고 있다. 만일 관중이 없었다면, 그 옛날 우리 중국은 오랑캐에게 점령되어 지금쯤 그들의 풍속을 강요당했을지 모른다.'라고 대답했다."

관포지교관: 관중기념관에는 관중과 포숙의 두터운 우정을 상징하는 관포지교관이 있다.

환공 41년에 관중이 병으로 쓰러지자, 환공이 직접 문병을 가서 나랏일을 상의했다.

"그대에게 불우한 일이 생기면, 장차 누구를 재상으로 삼는 것이 좋겠소?"

"그것은 폐하께서 더 잘 아실 줄 아옵니다만……."

환공은 관중이 포숙을 추천할 것으로 여기고, 그가 적임자가 아니겠느냐고 운을 뗐다. 그런데 의외의 답이 돌아왔다.

"안 됩니다. 포숙은 사람됨이 지나치게 곧고 고집이 세며, 일 처리에서 너무 과격한 면이 있습니다. 강직하면 백성들을 포악하게 다스릴 우려가 있고, 고집이 세면 백성들의 마음을 잃게 되며, 과격하면 아랫사람들이 등용되기를 꺼려 할 것입니다. 그는 마음에 두려워하는 바가 없으니, 패왕의 보좌 역할로는 적당치 않습니다."

그렇다면 관포지교의 우정이 거짓이었단 말인가? 그렇지 않다. 관중은 개인적인 친분과 국가적인 대사를 구별했던 것이다. 포숙과의 우정도 소중하지만 나라를 다스리는 일은 차원이 다른 문제라고 여긴 것이다. 환공이 다시 물었다.

"역아(제나라의 뛰어난 요리사로 마음이 바르지 못한 사람을 비유할 때 쓰기도 함.)가 어떻겠소?"

역아는 환공의 요리사였다. 환공이 사람 고기를 먹어 본 일이 없다고 하자, 역아는 자기 아들을 죽여 국을 끓여서 환공에게 바쳤다. 관중은 이렇게 답했다.

"역아는 자기 아들을 죽이고 폐하께 아첨한 인물입니다. 그것은 인류을 저버린 행동이 아닙니까? 그런 자는 이익을 위해 무슨 짓이라도 저지를 것입니다. 사람이라면 누구나 제 자식을 사랑하는 것이 인지상정인데, 제 자식도 사랑하지 못하는 자가 어찌 군주를 사랑할 수 있겠습니까? 절대 재상으로 삼으시면 안 됩니다."

"그럼 개방은 어떻소?"

"개방은 원래 위나라의 공자이면서도 제나라에 와서 왕을 섬겼습니다. 그런데 왕에게 잘 보이기 위해 그 모친을 살피지 않았고, 관리로 지내는 5년 동안 단 한 번도 고향에 가지 않았습니다. 이런 자가 어찌 군주를 사랑할 수 있겠습니까?"

"그렇다면 수조는 어떻겠소?"

수조는 환공의 마음을 얻기 위해 스스로 거세하여 후궁의 환관이 되었던 인물이다.

"수조는 스스로 거세하여 폐하께 아부한 자입니다. 세상에 자기 몸을 사랑하지 않는 자가 없을 것인데, 그는 자기 몸을 사랑하지 않는 척하면서 아첨했습니다. 이런 자를 신임해서는 안 됩니다. 억지로 자랑하고 뽐내면 오래 가지 않는 법이고, 거짓은 숨기더라도 곧 드러나는 법입니다."

얼마 후 관중이 세상을 떠나자, 환공은 그의 충고를 듣지 않고 수조와 역아, 개방을 중용했다. 이때부터 환공은 총명함을 잃어 갔고, 제나라의 국력도 무너지기 시작했다. 수조와 역아, 개방은 환공을 가두고 환공의 이름을 몰래 써서 자신들의 마음대로 명령을 내렸다. 환공은 작은 방 안에 갇혀 먹지도, 마시지도 못하는 신세가 되었다. 환공은 자신의 어리석음을 후회하면서 처참하게 굶어 죽었다. 관중이 죽은 지 고작 2년 뒤에 벌어진 일이었다.

환공이 세상을 떠나자, 자식들 사이에 왕위 쟁탈전이 벌어졌다. 환공은 세 명의 부인이 있었지만 아들이 없었다. 대신에 여섯 명의 첩에게서 열 명의 아들을 얻었다. 그 가운데 임금이 된 자만 무려 다섯 명이었다. 환공이 죽고 나서 왕실은 왕위 다툼으로 혼란스러웠다. 공자들은 왕위 다툼에 혈안이 되어 아버지의 시신을 67일 동안이나 버려두었는데, 이 일을 『사기』에서는 "구더기가 우글거려 문 밖으로 팽개쳤다."라고 기록하고 있다. 결국 환공의 시신은 태자 소평이 구출하러 올 때까지 염(시신을 수의로 갈아입힌 다음, 베나 이불 등으로 싸는 일)을 하지 못했고, 9개월이 지나도록 장사를 지내지 못했다.

창고가 가득 찬 뒤에야 예절을 안다

춘추 전국 시대의 혼란을 바로잡기 위해 유가는 인의 도덕을, 도가는 무위자연을, 묵가는 겸애(가리지 않고 모든 사람을 똑같이 두루 사랑함.)와 절용(아껴 씀.)을 주장했다. 그러나 정국은 나날이 혼란해졌다.

이 시기에 실질적 통치를 강조한 법가 학파가 일어났다. 법가 학파의 특징은 정치 사상만 따지고 군주의 관점에서 이론을 전개한다는 점에 있다. 법가를 주장하는 사람들이 대부분 군주의 참모였기 때문이다. 그들은 나라를 부유하게 만들고 군대를 강력하게 만든다는 부국강병富國强兵의 임무를 최우선으로 삼았다. 부국강병을 이루기 위해 어떤 극단적인 수단도 마다하지 않았다. 맹자가 반대한 힘에 의한 패도정치가 바로 법가 학파의 이상이었다.

관중 역시 법가 학파의 입장을 따랐다. 어업과 염업(소금을 만들어 파는 일)의 이익을 바탕으로 부국강병을 꾀했고, 왕을 받들어 오랑캐를 물리치자는 존왕양이尊王攘夷 구호를 강조했으며, 군주의 위엄을 세우고자 했다.

관중은 경제와 인간의 도리를 연계시켰는데, 그의 경제 정책은 눈여겨볼 만하다.

"창고가 가득 차야 예절을 알고, 입고 먹는 것이 넉넉해야 영예와 치욕을 알게 된다. 백성이 가난하면 마을과 집을 쉽게 떠나기 마련이다. 마을과 집을 쉽게 떠나면 통치자를 능멸하고 법을 어기게 되니 다스리기 어렵다."

관중은 나라가 부강해지려면 백성들을 먼저 부유하게 만들어야 한다는 생각이 확고했던 것이다.

사람을 키우는 것보다 더 훌륭한 것은 없다

관중은 경제와 정치는 톱니바퀴처럼 맞물려 돌아가야 한다고 보았고, 그러기 위해 인재를 존중해야 한다고 보았다. 관중이 지은 『관자』의 「권수 편」에 그에 대한 내용이 있다.

"1년의 계획은 곡물을 심는 것보다 나은 것이 없고, 10년의 계획은 나무를 심는 것보다 좋은 것이 없으며, 평생의 계획은 사람을 키우는 것보다 더 훌륭한 것이 없다."

『관자』의 「추언 편」에서는 이렇게 말했다.

"왕도王道의 군주는 백성의 지지에 승부를 걸고, 패도霸道의 군주는 군대의 지지에 승부를 걸며, 쇠퇴하는 군주는 지배계급의 지지에 승부를 걸고, 망해 가는 나라의 군주는 여자나 보석에 승부를 건다."

관중의 영향을 많이 받은 사마천도 역대 부자들의 기록인 「화식열전」에서 이렇게 말했다.

"세상을 가장 잘 다스리는 정치 방법은 자연스러움을 따르는 것이고, 그다음은 이익을 이용하여 이끄는 것이며, 그다음은 가르쳐 깨우치는 것이고, 그다음은 백성을 가지런히 바로잡는 것이고, 가장 못난 정치는 부를 놓고 백성들과 다투는 것이다."

관중은 백성들이 잘살아야 나라가 부강해진다는 사실을 꿰뚫어 보고 있었다. 그는 부유한 백성을 전제로 한 부국강병을 주장했고, 먼저 정치 개혁에 착수했다. 군주와 두 세습 귀족 가문이 제나라를 나누어 다스리게 하고, 사·농·공·상의 각종 직업을 규정했다. 토지를 적극적으로 활용하되 세금을 줄이는 정책을 실행하고, 농업과 수공업 발전에 유리한 정책을 실시했다. 또한 상업을 중시하는 중상주의 경제정책을 과감하게 도입하여 제나라의 부를 크게 늘렸다.

관중

주周나라 목왕의 후예로 알려졌지만 제나라에서 활약한 관중(B.C. 723년~B.C. 645년 추정)은 춘추 시대 법가 학파의 대표적인 인물이다. 관중이 살았던 시대의 중국은 주나라가 수도를 뤄양으로 옮긴 후부터 점점 쇠퇴했다. 암흑 같은 혼란기에 관중은 정치, 외교, 국방, 경제 면에서 뛰어난 리더십을 발휘하여 나라를 편안하게 만들었다. 이를 바탕으로 제나라는 약 40년 동안 개혁을 단행하여 초강대국으로 우뚝 섰다. 관중의 정치 역량에 힘입어 중국 민족끼리의 전쟁이 중단되었고, 서로 힘을 합쳐 이민족의 침입을 공동으로 막아 내기에 이르렀다.

관중은 임금보다 잘살아서 공자조차도 사치스럽다고 비판할 정도였다. 하지만 제나라 백성들 가운데 관중을 욕하거나 비판하는 사람이 없었다. 자신들을 잘살게 만들어 준 관중은 그런 부를 누릴 자격이 충분하다고 여겼던 것이다.

6

한비자
韓非子

이기적인 사람에게는
법이 특효약이다

한비자는 한나라 명문 귀족의 후예로 태어났다. 한자韓子라고 불리다가 당나라의 정치가 한유와 구별하기 위해 한비자로 고쳐 불리게 되었다. 한비자는 날 때부터 말더듬이여서 주위 사람들과 어울리지 못하고 외롭게 성장했다. 그의 문장 속에서 느껴지는 울분이나 냉혹한 법가 사상은 그런 성장 배경의 영향인 것으로 보인다.

한비자는 소년 시절에 이사와 함께 대유학자 순자에게서 가르침을 받았다. 성악설을 주장한 순자의 영향을 받아서인지 한비자는 '인성人性 가운데 사사로움을 적발하여 법으로써 다스려야 한다.'라고 생각했다.

말더듬이의 울분, 시황제를 감탄시키다

한나라는 진나라에게 많은 땅을 빼앗기고 멸망의 위기에 놓여있었다. 한비자는 임금에게 나라를 다스리는 방법을 건의하는 편지를 보냈다. 임금에게서 아무런 대답이 없자, 성격이 급하고 괴팍한 한비자는 화가 치밀어 올랐다. 그 울분을 글로 쓴 것이 「고분('세상에 대하여 홀로 분하게 여김.'을 뜻함.)」, 「세란('유세로 인해 당하게 되는 어려움'을 뜻함.)」 등 10만여 자나 되는 『한비자』이다. 그러나 왕은 여전히 그것을 눈여겨보지 않았고, 한비자가 말더듬이라는 이유로 등용하지도 않았다.

그런데 어떤 사람이 『한비자』를 진나라의 시황제에게 보여 주었다. 진시황은 그것을 읽고 크게 감탄했다.

"이 사람을 만나 함께 이야기할 수 있다면 죽어도 여한이 없겠구나."

이 말을 들은 이사가 자랑스럽게 말했다.

"이 책은 한비자가 쓴 것이 틀림없습니다. 저와 함께 공부한 자인데, 한나라에 가면 그를 찾을 수 있을 것입니다."

진시황은 한비자를 만나 볼 욕심으로 한나라에 대한 공격을 명령했다. 진시황의 군대가 느닷없이 공격한 이유를 알게 된 한나라

왕은 즉시 한비자를 진나라로 보냈다. 그러나 한비자는 진시황에게 "진나라가 한나라를 치는 것은 국익에 전혀 이로울 것이 없습니다."라는 글을 올려 조국인 한나라의 안녕을 도모했다.

이사의 모함으로 억울한 죽음을 맞다

진시황은 한비자의 탁월한 견해를 높이 평가하고 크게 환대했다. 그러나 학생 시절부터 한비자에게 열등감을 가지고 있던 이사는 그가 진시황의 총애를 받게 되자 심한 질투심을 느꼈다. 그래서 한비자에게 원한을 가지고 있는 요가와 함께 한비자를 죽이려는 계략을 짰다. 요가가 큰 공을 세워 높은 벼슬에 오른 적이 있는데, 한비자가 진시황에게 "요가가 재물만 써서 없앤 데다 제후들과 개인적으로 교분을 맺었다."라고 고했기 때문이다. 진시황 앞에서 적극적으로 변호하여 본래의 지위를 회복할 수 있었지만, 요가는 그 일을 잊지 않고 있던 것이다. 기회를 엿보고 있던 이사는 진시황 앞에 나아가 간사한 말로 한비자를 헐뜯었다.

"한비자는 한나라의 공자입니다. 그는 조국 한나라를 위해 이곳에 온 것입니다. 결코 진심으로 진나

요가: 위나라에서 태어났지만 진나라의 책략가로 활동했다. 기원전 233년 연, 조, 위, 초 등이 연합해 진나라를 공격하려 하자, 이 나라들을 찾아가 유세함으로써 침략 계획을 철회시켰다. 네 나라와 외교 관계까지 맺고 돌아오자 많은 땅과 더 높은 벼슬이 내려졌다.

라를 위하지는 않을 것입니다. 지금 폐하께서 그를 등용
하지도 않은 채 붙들고 있다가 돌려보낸다면, 천하를 통
일하는 데 후환을 남기는 일이 될 것입니다. 우리 사정을
잘 아는 그가 진나라에 불리한 행동을 할 것이니 죄명을
씌워 일찌감치 죽여야 할 것입니다.”

한비자: 인성은 악하고 이기적이
므로 법으로 다스려야 한다고 주
장했다.

그러나 따지고 보면, 이사 자신도 초나라 사람으로 진
나라가 조국이 아닌 것은 마찬가지였다. 진시황은 이사
의 간교한 말을 믿고 한비자를 감옥에 가두었다. 그렇다
고 한비자를 진짜로 죽일 생각은 없었다. 진시황의 마음
을 눈치 챈 이사는 몰래 사람을 시켜 독약을 보냈다. 그리고 한비자
에게는 진시황의 뜻이라고 암시하여 스스로 자살하도록 했다. 이
모든 것이 이사의 모함임을 눈치 챈 한비자는 여러 차례 진시황에
게 상소를 올렸지만, 끝내 억울한 죽음을 피하지 못했다.

나중에 모든 것을 알게 된 진시황이 사람을 보내어 한비자의 죄
를 벗겨 주었다. 그러나 그의 몸은 이미 백골로 변한 뒤였다.

이사, 진시황을 도와 천하통일을 이루다

이사는 젊었을 때 초나라에서 문서를 관장하는 말단 관리였다.

그는 관청의 변소에서 쥐가 오물을 먹다가 인기척이 나면 깜짝 놀라 겁 먹는 모습을 보았다. 또 어느 날에는 넓은 창고에 들어갔다가 쥐들이 곡식을 마음껏 먹으면서도 사람을 겁내지 않는 모습을 보았다. 이를 본 이사는 "사람의 잘나고 못남이 쥐와 다를 바 없으니, 어떤 상황에 처해 있느냐에 달려 있을 뿐이로다!"라며 탄식했다. 평소에도 "비천한 것보다 더한 부끄러움은 없고, 가난하여 구차한 삶을 사는 것보다 더 슬픈 것은 없다."는 말을 입에 달고 살던 이사는 말단 관리를 그만두고, 제나라에 가서 순자를 스승으로 모셨다.

순자의 유학 사상은 법가의 주장에 가까웠다. 권력 지향적이고 출세 지향적이었던 이사는 분명한 목적을 가지고 학업에 임하여 순자의 수제자가 되었다. 장차 천하의 권력이 진나라로 기울 것이라고 판단한 이사는 미련 없이 진나라로 떠났다. 그리고 진나라의 실권자 여불위(진시황의 친아버지라고 알려진 인물)의 집에 들어가 허드렛일부터 시작했다. 그러나 머지않아 여불위의 눈에 들어 문서 일을 맡아보는 낭관에 임명되었다.

여불위의 도움으로 진시황 앞에 서게 된 이사는 "천하 통일의 기회를 놓치지 마십시오!"라는 장계(신하가 임금에게 아뢰는 문서)를 올렸다. 진시황이 자신의 건의를 받아들이는 모양새를 보이자, 그는 더 큰 용기를 냈다. 그래서 "유세와 매수, 뇌물과 이간질로 여섯 나라의 군신君臣들의 마음을 흔든 다음, 한 나라씩 격파하십시오."라는 제안을 내놓았다. 또 통일 이후 진나라가 중앙집권 통치를 강화할 수 있는 여러 방안을 제안했다. 그 안에 군현제의 실행, 분서갱유의 단행 등이 들어 있었다.

그 후 이사는 진시황을 도와 천하 통일의 업적을 이루었고, 그 공을 인정받아 승상(황제를 보좌하는 수석 보좌관)이라는 막강한 벼슬을 받았다. 그는 진나라의 법령 개혁과 제도 정비에 앞장섰고, 중앙집권 체제의 기반을 갖추게 했다. 하지만 진시황으로 하여금 분서갱유(학자들의 정치 비평을 금지하기 위해 책을 불태우고 유생들을 땅속에 묻었던 일)와 불로장생 약초 구하기, 아방궁(진시황제가 세운 궁전) 건축 등을 추진하도록 하여 백성들로부터 원성을 샀다.

진시황제 : 기원전 221년 중국 천하를 통일했고, 왕 가운데 유일하게 한비자를 등용하려 했다.

야심가들의 음모와 계략

시황제 37년 진시황은 둘째 아들 호해, 환관 조고, 승상 이사를 데리고 다섯 번째 순방에 나섰다가 돌아오는 길에 병을 얻어 갑작스런 죽음을 맞았다. 만일에 대비하여 장남 부소扶蘇에게 뒤를 잇게 한다는 유서를 남겼는데도 호해의 스승이었던 조고는 무능한 데다 놀기 좋아하는 둘째 아들 호해가 황위에 오르도록 일을 꾸몄다. 조고는 자신의 야심을 실현하기 위해 승상 이사를 끌어들였다. 이사 역시 자신의 지위와 이익을 지키기 위해 조고, 호해와 한통속이 되었다. 이들은 진시황의 유서를 조작하여 황위 계승자인 부소를 핍박하여 자살하게 만들었다. 부소를 지지하던 명장 몽염도 감옥에 가두었다가 살해했다. 이와 같이 여러 목숨을 빼앗은 뒤에 호해는 황제로 등극했다. 이사는 호해의 환심을 사기 위해 '독책술'을 건의했다. 독책술이란 '감찰하고 책문한다.'는 뜻으로, 아무리 가벼운 죄라도 중벌을 주어 사람들이 경거망동하지 못하게 하자는 것이었다. 이 건의안에는 조고를 제거하려는 이사의 계략이 숨어 있었다. 하지만 간사한 조고는 이 계략을 피했고, 이사는 아방궁 건설의 중단을 건의했다가 호해의 노여움을 사서 옥에 갇히고 말았다. 이사를 제거할 기회를 얻은 조고는 "이사가 아들과 함께 반란을 꾀하고 있다."라고 모함했다. 고문을 받던 이사는 모반을 했다고 거짓 자백했고, 마침내 처형당하고 말았다.

　순자는 "비록 인간의 본성은 악하지만, 인간의 후천적인 노력에 의해 얼마든지 선해질 수 있다."라며, '위僞(행위, 노력)'를 강조했다. 반면에 한비자는 인간의 본성 자체에 깔려 있는 이기심에 주목했다. "인간은 누구나 이기심을 가지고 있으며, 그것이 인간의 모든 감정과 행위를 결정한다."라고 주장했다.

　예를 들어, 어떤 부모는 자기가 낳은 자식이라도 아들인 경우에는 좋아하지만, 딸인 경우에는 좋아하지 않는다. 심지어 딸을 물에 빠트려 죽이는 경우도 있다. 그것은 부모가 자신의 이익을 먼저 생각하기 때문이다. 농경 사회에서 자식은 매우 귀중한 재산이었다. 아들은 자라서 노동력을 제공하고 다른 집의 딸을 며느리로 데려와 일손을 늘리지만, 딸은 커서 다른 집안으로 시집을 가버려 노동력의 손실을 가져온다. 한비자는 부모마저도 자식과의 관계에서 이해타산적인 계산을 하고, 그에 따라 아들과 딸을 다르게 대한다고 보았다.

　고대 시대의 정부인鄭夫人은 자기 아들에게 왕위를 물려주기 위해 남편을 독살했고, 여희(진晉나라 현공의 비妃)는 자신의 아들을 태자로 삼기 위해 본래 태자인 신생을 독살했다. 이런 예들은 인간은 누구나 사리사욕을 위해 어떤 일도 할 수 있음을 보여 준다. 가령 의

사들은 세상 사람들이 모두 아프기를 바라고, 장례업자는 사람들이 죽지 않을까 봐 걱정한다. 수레를 만드는 사람은 모든 사람이 부귀해져서 수레를 탈 수 있기를 바라고, 관을 짜는 기술자는 사람들이 일찍 죽기만을 기다린다. 이것은 수레를 만드는 사람의 타고난 성품이 다른 사람들보다 착하고 관을 만드는 사람의 성품이 악해서가 아니다. 단지 사람들이 부자가 되지 않으면 수레가 팔리지 않고, 사람들이 죽지 않으면 관이 팔리지 않기 때문이다. 한비자는 각자의 직업에 따라 이익과 손해가 서로 다르고, 이런 이해관계 때문에 결과적으로 사람이 선하게 행동할 수도, 악하게 행동할 수도 있다고 보았다.

또한, 군주가 신하에게 높은 관직과 봉급을 주는 것도 이해관계에서 비롯된다. 신하가 군주를 위해 일해야 군주 자신에게 이익이 되기 때문이다. 신하가 군주를 위해 온 힘을 다하고 전쟁에 나가 공을 세우는 것 역시 그렇게 해야만 높은 관직과 후한 봉록(벼슬아치에게 연봉으로 주는 곡식이나 돈)을 받을 수 있다는 것을 알고 있기 때문이다. 절대로 신하들이 가지고 있는 충성심이나 도덕관념 때문이 아니다. 하인이 열심히 일하는 것도 주인에 대한 충성심에서가 아니라 일에 대한 보수를 바라는 마음 때문이다. 마찬가지로 주인이 하인을 잘 대우하는 것은 마음이 친절해서가 아니라 그렇게 하여 하인을 더 많이 부려먹기 위해서다. 이와 같이 인성은 악하고 이기적이므로 선한 일을 하면 상을 주고 악한 일을 하면 벌을 주어야 한다. 결국 한비자는 법이 상과 벌을 효과적으로 다룰 수 있는 특효약이라고 생각했다.

한비자는 다음의 이야기를 그 예로 들고 있다. 옛날 어느 마을에 일은 하지 않은 채 말썽만 피우고 다니는 청년이 하나 있었다. 부모가 아무리 타일러도 행실을 고치지 않았고, 마을의 위엄 있는 어른이 타일러도 막무가내였으며, 스승이 가르쳐도 소귀에 경 읽기였다. 그런데 어느 날 관청에서 무장을 한 포졸이 와서 법에 따라 죄인을 체포하는 모습을 보고 그 행실을 고쳤다는 것이다.

유세의 어려움, 죽음으로 알리다

한비자는 유세의 곤란함에 대해 말한 적이 있다.

"유세하는 일은 쉽지 않다. 상대방의 마음을 알고 거기에 내가 하고자 하는 말을 끼워 맞추는 일이 쉽지 않기 때문이다. 상대방이 명예욕에 사로잡혀 있을 때 재물의 이익을 말하면 속물(세속적인 일에만 신경 쓰는 사람)이라 깔본다. 반대로 상대방이 재물의 이익을 바라고 있을 때 명예를 이야기하면 세상일에 어둡다고 한다. 군주가 겉으로

유세: 각처로 돌아다니며 자기의 의견을 말하는 것으로, 여기에서는 자기의 의견을 왕에게 진정한다는 의미로 쓰였다.

는 그렇지 않은 척하면서 비열한 짓을 하려 할 때, 유세하는 자가 그것을 아는 체하면 목숨이 위태로워진다. 임금에게 불가능한 일을 강요하거나 중지할 수 없는 일을 그만두도록 해도 목숨이 위험해진다. 어진 임금의 이야기를 하면 군주를 비방하는 것이라 의심받고, 말을 꾸미지 않고 표현하면 무식한 자라고 업신여기며, 여러 학설을 끌어다 해박하게 말하면 말이 많다고 핀잔한다."

한비자는 몇 가지 이야기를 예로 들었다. 송나라에 부자가 한 사람 있었는데, 어느 날 큰비가 와서 담장이 무너졌다. 그의 아들이 "아버님, 담을 고치지 않으면 도둑이 들까 걱정됩니다."라고 말했다. 이웃에 사는 사람도 그에게 같은 말을 했다. 그날 밤, 그 집에 도둑이 들어 재산을 크게 잃었다. 그러자 집주인은 아들에게는 참으로 현명한 충고였다고 칭찬했고, 똑같은 충고를 했던 이웃 사람에게는 혹시 도둑이 아닐까 하는 의심을 품었다.

또, 옛날에 미자하(위나라 재상)라는 아름다운 소년이 있었는데, 잘생긴 외모 덕에 위나라 임금의 총애를 받았다. 어느 날, 누군가 미자하를 찾아와서 어머니에게 병이 났다는 사실을 알렸다. 다급한 마음에 미자하는 임금의 수레를 타고 어머니의 집으로 달려갔다. 당시 위나라의 법에 따르면, 군주의 수레를 몰래 타는 것은 말할 것도 없고 수레에 발을 올려놓는 것만으로도 발목이 잘리는 벌을 받아야 했다. 나중에 이 일이 발각되자 대신들이 미자하에게 벌을 주어야 한다고 주장했다. 그러나 위왕은 오히려 미자하를 칭찬했다.

"아픈 어머니를 걱정하느라 발목이 잘리는 일조차 대수롭지 않게 여겼다니, 이 얼마나 효심이 깊은가?"

한번은 미자하가 임금을 모시고 과수원으로 행차했다. 나무 사이를 걷던 미자하가 가지에 달려 있는 복숭아 하나를 따서 맛보더니, 맛이 좋다며 먹던 복숭아를 임금에게 올렸다. 이때도 임금은 "나를 생각하는 정이 얼마나 깊으냐? 자기가 먹던 복숭아라는 것조차 잊어버릴 정도로 나를 생각하다니!"라고 대견해했다.

세월이 흘러 미자하가 늙은 만큼 임금의 사랑도 식었다. 그 무렵 미자하가 사소한 잘못을 저질렀는데, 임금의 반응이 과거와 크게 달랐다.

"저 놈은 본래부터 성질이 못된 놈이다. 과인(임금이 자신을 낮추어 부르는 말)의 수레를 몰래 훔쳐 탄 적이 있고, 자기가 먹던 복숭아를 감히 과인더러 먹으라고 준 적도 있다. 저 무례한 놈을 당장 끌어다 목을 베어라!"

여도지죄餘桃之罪(먹고 남은 복숭아의 죄)란 말이 여기에서 생겨났다. 같은 행동을 하더라도 사랑받을 때와 미움받을 때 다르게 받아들여진다는 뜻이다.

임금인 영공이 미자하에 대한 마음을 돌리게 된 데는 충신 사추의 감동적인 이야기가 있다. 위나라 영공을 섬기며 대부 벼슬과 사관(역사 기록을 맡아보는 관직)을 지냈던 사추는 왕에게 어질고 능력 있는 거백옥을 천거했다. 거백옥은 겉으로는 관대해 보이지만 매우 강직한 성품을 가졌고, 나이 쉰 살 되던 해에 지나간 49년 동안의 잘못을 깨달았다고 전해진다. 공자가 거백옥의 행실을 칭찬하여 위나라에 이르렀을 때 그의 집에 머물렀다는 기록도 있다. 그러나 영공은 간신 미자하를 물리치라는 사추의 충언을 따르지 않고, 오히려 미자하를 더욱 중용했다. 그 후에도 여러 차례 거백옥을 등용하라고 간언했지만, 영공은 끝내 듣지 않았다. 사추는 병이 들어 죽기 전에 아들에게 유언을 남겼다.

"내가 거백옥을 군주에게 나아가게 하지 못하고, 군주께서 미자하를 물리치도록 하지 못했으니, 이는 군주를 바로잡지 못한 내 탓이다. 살아서 군주를 바로잡지 못했으니, 죽어서도 예를 이룰 수 없다. 내가 죽으면 내 주검을 창문 밖에 내놓고 염을 하지 말거라."

사추의 아들은 아버지의 말을 그대로 따랐다. 영공이 조문하러 와서 사추의 주검(죽은 사람의 몸)이 창문 아래 놓여 있는 모습을 보고 그 이유를 물었다. 사추의 아들에게서 자초지종을 들은 영공은 그제야 잘못을 뉘우치고 사추의 주검을 제대로 장사 지내도록 했다. 그리고 즉각 거백옥을 등용하고 미자하를 내쳤다. 『공자가어』의 「곤서 편」에 실려 있는 이 이야기에서 신후지간身後之諫('죽은 뒤에도 군주의 잘못을 바로잡기 위하여 간언하다.'라는 뜻)이라는 고사성어가 나왔다.

사실 미자하의 행동은 처음이나 나중이나 별반 다르지 않았다. 그러나 예전에는 훌륭하다고 칭찬을 받았고, 나중에는 벌을 받게 되었다. 한비자는 사랑하고 미워하는 군주의 마음에 그 원인이 있었다고 주장했다.

"그러므로 유세하는 요령은 상대편 군주의 긍지를 만족시키고, 수치심을 건드리지 않는 데 있다. 군주의 결점을 추궁하지 말며, 군주에게 항거하여 분노케 하지 말라! 오랜 시일이 지나서 임금의 온정이 두터워지면 자기의 뜻을 추진해도 의심받지 않고, 임금에게 간언하더라도 죄를 입지 않으며, 오히려 자기의 몸을 비단으로 장식하고도 남음이 있을 것이다."

한비자는 이런 일이 자신에게도 닥칠 줄은 꿈에도 생각지 못했을 것이다. 충신 사추와 마찬가지로, 유세의 어려움을 자신의 죽음으로 후세에 알린 셈이 되었으니 말이다.

한비자

　　전국 시대 말기의 법치주의자인 한비자(B.C. 280년~B.C. 233년)는 과거 유가 사상가들이 제시한 방법으로는 천하를 다스릴 수 없다고 했다. 혼란이 거듭되는 사회 상황에서 통치자가 인과 의에만 의존하여 무기력한 정치를 펴는 것은, 고삐나 채찍도 없이 사나운 말을 모는 것과 같은 위험한 일이라고 본 것이다. 따라서 통치자는 공정하고 엄격하며 혹독한 법에 의존해 천하를 다스려야 한다고 주장했다.

　　한비자는 스승인 순자가 성악설을 기초로 예禮로써 다스릴 것을 주장한 것과 같은 맥락으로, 인성이기설人性利己說을 바탕으로 법으로 다스릴 것을 주장했다. 인성은 악하고 이기적이므로 그것을 다스릴 수 있는 방법은 법밖에 없다는 것이다. 다만 순자가 강조한 예가 귀함과 천함을 구별하고 가까움과 가깝지 않음을 밝히는 것이라면, 한비자의 법은 귀함과 천함을 타파하고 가까움과 가깝지 않음을 구별하지 않는 평등 정신이다. 법을 어기는 자는 누구든지 예외 없이 벌을 받아야 한다는 것이다. 한비자는 신상필벌信賞必罰(상을 줄 만한 공이 있는 자에게 반드시 상을 주고, 벌할 죄가 있는 자에게는 반드시 벌을 준다는 뜻)을 주장한다. 백성들에게 선을 권하는 직접적인 방법이 상이라면, 그 간접적인 방법이 벌이다.

한비자는 법치가 인치人治(사람이 다스림.)보다 우수하고 세가 서로를 보완해 줄 수 있다고 주장했다. 그는 군주의 '세'를 호랑이의 날카로운 이빨과 표범의 발톱에 비유했는데, '세'가 없는 군주는 이빨 빠진 호랑이처럼 힘이 없다고 보았다.

한비자의 이론을 정리하면 법을 공포하여 백성들로 하여금 군주에게 절대 복종토록 하고, 술術(술수 혹은 책략)로써 신하들의 직무 책임제를 확고히 하는 한편, 신상필벌의 권세로써 임금이 신하와 백성들 위에 군림하는 체제를 만들어 내자는 것이다. 법을 문서로 편찬하여 관청에 비치해 두고 백성들에게 공포하는 것이다. 하지만 술은 군주의 가슴 속에 꼭 묻어 두고, 신하의 말과 행동 등 정보를 수집 검토하여 아무도 모르게 많은 신하들을 지배하는 것에 해당한다. 술의 개념 때문에 법가 사상이 권모술수에 치우친 이론이라는 비판을 받기도 한다. 한비자는 '술'로 신하를 다스려야만 '법'을 온 세상에 실제로 적용시킬 수 있다고 보았다.

그러나 한비자의 법은 백성들이 감히 어기지 못하도록 위협할 수는 있었을지언정, 백성들 스스로 지켜나가도록 하지는 못했다.

7

주자

朱子

하나가 모두요,
모두가 하나이니라

주자는 송나라 고종 때에 휘주의 무원에서 주송의 아들로 태어났다. 주송은 일찍이 사훈이부랑(관리들의 인사, 상과 훈장을 맡아 보던 5~6품의 낭관)의 벼슬을 지낸 적이 있지만 주자가 태어날 무렵에는 관직을 떠나 있었다.

　당시 송나라는 영토의 절반 가까이를 금나라(여진족이 건립한 왕조. 건국 120년 만에 몽골군의 손에 멸망당함.)에 빼앗긴 상태였다. 조정에서는 금나라와 화해하자는 의견과 맞서 싸우자는 의견이 팽팽히 맞서고 있었다. 주자의 아버지는 화해를 주장하는 재상 진회에 반대하여 벼슬을 내놓고 복건성(푸젠성)의 자그마한 초가집에서 세상과 동떨어져 지냈다.

　재상 진회는 금나라 군대에 맞서 싸워야 한다고 주장하는 관료들을 강압적으로 짓눌렀다. 그러다가 1142년 금나라와 남송이 화이허강과 친링산맥을 잇는 선을 경계로 하여, 중국을 남북으로 나누어 갖도록 합의했다. 그 조건으로 송나라는 금나라에 신하의 예를 갖추는 한편, 비단과 은 각 25만을 예물로 바쳤다. 24년간이나 재상을 지낸 진회는 분명 능력이 뛰어난 관리였다. 하지만 권력 유지를 위해 '문자의 옥文字-獄'을 일으켜 반대파를 억압하여 민족주의와 이상주의를 내세운 후세의 주자학파로부터는 많은 비난을 받았다. 또한, 금나라의 공격을 막아 큰 공을 세운 악비를 누명 씌워 감옥에 가두어 죽게 했다. 그 때문에 진회의 계략으로 감옥에 갇혔다가 죽은 악비는 민족의 영웅으로 존경받는 데 반하여, 그에게는 간신이라는 낙인이 찍히고 말았다.

주자: 유교의 네 가지 경전인 『논어』, 『맹자』, 『대학』, 『중용』에 해석을 달아 『사서집주』를 지었다.

하늘 위에는 또 무엇이 있습니까?

마음이 꼿꼿하고 곧은 성품을 가진 아버지 밑에서 자란 주자는 어려서부터 자질이 뛰어나고 사색하기를 좋아했다. 말을 배우기 시작했을 때, 아버지가 손가락으로 하늘을 가리키며 "저것이 하늘이란다."라고 하자, 이렇게 되물었다고 한다.

"그럼, 저 하늘 위에는 또 무엇이 있습니까?"

다섯 살 때는 효도의 원칙과 규범을 실어 놓은

문자의 옥: 중국의 역대 왕조에서는 문서를 작성하는 데 표의문자인 한자를 사용했기 때문에 그 특성상 동음이의자를 써서 은밀한 예언이나 체제 비판 등이 가능했다. 지도자들은 글 속의 뜻을 파악하여 반대 세력을 적발해 내곤 했다. 하지만 대부분 지도자들이 자기 입맛에 따라 마음대로 짜맞춘 엉터리 증거들이었다. 이에 대한 우려와 비판을 담은 말이 바로 '문자의 옥'이다.

유학 경전인 『효경』을 읽고, 책머리에 이런 말을 써 놓았다.

"이렇게 하지 못한다면 사람이 아니다."

다른 아이들과 놀 때에도 혼자 조용히 앉아 모래 위에 손가락으로 팔괘八卦 를 그리며 놀았다. 주자는 열 살 때 유학 경전을 읽기 시작하면서부터 공자를 숭배했다. "만약 하늘이 공자를 낳지 않으셨다면 세상은 밤처럼 어두웠을 것이다."라고 했고, 장차 공자나 맹자와 같은 성인聖人이 되어야겠다고 마음속으로 다짐했다. 그런데

공자가 엮은 것으로 알려진 역사책 『춘추』와 불교와 노자의 책을 꼼꼼히 읽어 보았지만, 뭔가 부족함이 껴졌다.

　　스무 살이 넘어서는 아버지와 함께 공부한 적이 있는 이연평 선생을 찾아가 가르침을 받고 스승으로 모셨다. 이연평은 명예나 재물에는 관심이 없어 40여 년 동안이나 숨어 살면서 오직 학문을 닦는 데만 전념했다. 그는 낙학(洛學(사람과 사물이 본래 똑같은 성품을 갖고 있다고 주장하는 성리학의 한 학파)을 받아들였고, 실생활 가운데서 체험하며 실천했다. 주자는 이연평을 만난 후에 "선생님을 만나 뵙고, 이전에 불교와 노자의 학설을 연구한 것이 잘못이었음을 깨달았습니다."라고 고백했다. 이연평은 주자에 대해 "성품이 뛰어나고 부지런히 힘써 공부하니, 나예장 선생이래로 이렇게 뛰어난 인재를 본 적이 없다."라고 칭찬을 아끼지 않았다.

　　그 후로 주자는 불노佛老(불교와 노자) 사상의 허망한 이론을 버리고, 이정二程(중국 북송의 정호와 정이 형제를 이르는 말)의 낙학을 일생의 학문적 기초로 삼았다.

팔괘: 중국 상고 시대에 복희씨가 지었다는 여덟 가지의 괘. 『주역』에서 세상의 모든 현상을 음양을 겹치게 하여 여덟 가지의 상으로 나타낸 ☰[건乾], ☱[태兌], ☲[이離], ☳[진震], ☴[손巽], ☵[감坎], ☶[간艮], ☷[곤坤]을 이른다.

나예장: 중국 북송 말기, 남송 초기의 유학자. 난젠 출생으로 고향 선배 양시의 가르침을 받았다. 정호, 정이의 학문을 고향 후배 이연평에게 전하여 주자에 이르게 했다. 양시, 이연평, 나예장을 '난젠의 3선생'이라 불렀다.

당시 대과(문과와 무과를 뽑는 시험) 합격자의 평균 나이는 서른다섯 살이었다. 그런데 주자는 열여덟 살에 진사과에 급제하여 주위를 놀라게 했다. 1151년에는 이부(인사와 공로에 관한 사무를 맡아보던 부서)의 임용 시험에도 합격하여, 천주泉州(취안저우) 동안 지방의 관리가 되었다. 그러나 유학자 이연평에게서 2년 동안 학문을 배우고 나서야 비로소 부임지로 떠났다. 성리학의 정통 후계자로부터 가르침을 받은 주자는 주돈이, 정호, 정이 등의 사상을 이어받게 되었다.

주자가 부임하던 때는 효종(남송의 3대 황제)이 즉위한 지 얼마 되지 않았을 무렵이었다. 이때 금나라 군사들이 물밀듯이 쳐들어오자 조정의 문무백관들은 당황하여 우왕좌왕했다. 그때 주자가 효종에게 두 편의 글을 올렸다. "명석한 군주란 먼저 사물의 도리를 연구하여 참된 지식을 얻은 후에야 국가를 편안하게 다스릴 수 있다."는 글과 "금나라와 화해하는 것은 옳지 않다."는 글이었다. 특히 "돌아가신 임금님의 피로 맺어진 원수와는 같은 하늘을 머리에 이고 살아갈 수 없다. 오늘 우리의 유일한 길은 끝까지 대항하여 싸우는 것뿐이다."라고 강조했다. 금나라와의 화해를 강력히 반대하는 주자의 견해는 그의 아버지가 진회의 화해 정책에 불만을 품었던 것과 연관이 있다. 하지만 당시 재상이었던 탕사경 역시 주자의 건의를 받아들이지 않았다.

몹시 화가 난 주자는 조정을 떠나 지내면서 독서와 책 쓰는 일에만 힘을 쏟았다. 이 시기에 주자는 장식, 여동래와 친하게 지냈는데, 이들을 남송삼현南宋三賢이라 불렀다. 주자는 여동래의 소개로 육상산을 만나 학문적 의견을 나누었다. 주자는 "어떤 상황에서도 공경하는 자세를 잃지 않고, 만물의 이치를 추구해 나가야 한다."라고 주장했다. 한편, 육상산은 "우주가 곧 내 마음이고, 내 마음이 곧 우주이다. 그러므로 사서오경을 연구하는 격물치지格物致知(모든 사물의 이치를 끝까지 파고 들어가면 앎에 이른다는 뜻)는 필요하지 않으며, 오직 본심本心으로 돌아가는 공부만으로 충분하다."라고 주장했다. 두 사람의 의견은 끝내 좁혀지지 않았다. 주자는 육상산의

육상산: 중국 남송의 철학자이자 교육가. 심즉리心卽理, 다시 말해 '모든 사물의 이치는 내 마음 밖에 있는 것이 아니니, 오직 마음을 밝히고 여기에서 법칙을 구하면 된다.'라고 하는 학설을 세웠다. 이것이 나중에 왕양명에 의해 실천에 중점을 둔 심학心學으로 발전했고, 이 두 사람의 학설을 합쳐 '육왕陸王의 학'으로 불리게 되었다.

학문 태도가 지나치게 '간이簡易(너무 간단하고 쉬움.)'하다고 평가했다. 육상산은 주자의 태도가 너무 '지리支離(흩어져서 갈피를 잡을 수 없음.)'하다고 비평했다. 지리함과 간이함, 이 짧은 한마디가 주자와 육상산의 학문적 성향을 대변하고 있는 것이다.

백록동서원, 700년 중국 교육의 기준이 되다

주자는 해 뜨기 전에 집 안에 있는 사당에 가서 조상과 성현들에게 인사를 드리고 하루 일과를 시작했다. 그의 말씨는 늘 엄격했고, 행동거지는 부드러웠으며, 앉은 자세는 단정하고 곧았다. 친척들에게는 인정과 도리를 다하였고, 마을 사람들에게는 지위와 신분에 상관없이 공손하게 대했으며, 검소한 옷차림에 간소한 음식으로 만족했다. 검소한 생활이 어느 정도인가 하면 사는 곳은 겨우 비바람을 막을 정도였고, 손님이 찾아오면 콩밥에 아욱국을 끓여 대접했다.

백록동서원 : 당시 국가에서 운영하는 학교가 과거 시험을 보기 위한 예비 학교였던 데 비해, 서원은 일종의 사립 학교로서 진정한 학문 연구를 목적으로 설립되었다. 우리나라에서는 1542년(중종 37년) 풍기 군수 주세붕이 고려 시대의 학자 안향安珦을 기리기 위해 백록동서원을 본떠 경북 영주시에 백운동서원을 세웠는데, 이것이 한국 서원의 효시가 되었다.

주자는 장시성 북쪽의 여산 오로봉 산기슭에 백록동서원을 세우고, 유명한 학자들을 초청했다. 본래 이곳은 9세기 초 당나라의 이발李渤이 숨어 살면서 백록(흰 사슴)을 기르고 독서를 하며 유유자적하게 살던 곳이다. 그것에서 유래하여 백록동이라 부르게 되었다.

백록동서원은 주자가 학문을

가르침으로써 더욱 유명해졌다. 주자는 이곳에서 부자유친, 군신유의, 부부유별, 장유유서, 붕우유신 등의 교육 조항을 가르쳤다. 유교 도덕의 기본이 되는 삼강오륜과 매우 흡사하다. 삼강은 군위신강君爲臣綱, 부위자강父爲子綱, 부위부강夫爲婦綱을 말하는데, 임금과 신하, 어버이와 자식, 남편과 아내 사이에 마땅히 지켜야 할 도리를 가리킨다. 오륜은 부자유친父子有親, 군신유의君臣有義, 부부유별夫婦有別, 장유유서長幼有序, 붕우유신朋友有信이다. 아버지와 아들 사이에는 친밀한 사랑이 있어야 하고, 임금과 신하 사이에는 의리가 있어야 하며, 부부 사이에는 서로 지켜야 할 도리가 있어야 하고, 어른과 어린이 사이에는 차례와 질서가 있어야 하고, 친구 사이에는 믿음이 있어야 함을 뜻한다. 이와 같은 교육 조항은 요순 임금의 도를 이어받아 주자가 정리한 것인데, 이후 700년 중국 교육의 기준이 되었다.

정치적 탄압에 시달리다

주자는 정치적으로 수많은 우여곡절을 겪었다. 백록동서원을 세운 이듬해, 그곳에는 큰 가뭄이 들었다. 백성들이 힘겨운 생활을 하고 있는데도 조정에서는 관심을 보이지 않았다. 주자는 효종에게 상소문을 올려 하나하나 꼬집었다.

"나라를 다스리는 첫 번째 임무는 백성을 사랑하는 데 있으며, 백성을 사랑하는 근본은 오직 군주가 마음을 바르게 하고 어진 신하를 가까이 하는 데 있습니다. 그러나 현재 황제께서는 소인의 무리에 둘러싸여, 나라의 운명이 위태로운 지경에 있는 줄을 모르고 계십니다."

자신을 질타하는 주자의 문장을 본 효종은 노발대발했다. 그래서 재상 조웅이 귀향 보내라는 말을 꺼내자마자 주자를 강서의 상평 지방으로 내쫓아 버렸다.

1194년 효종이 세상을 떠났는데, 정신 질환을 앓고 있었던 광종이 아버지의 장례를 치르지 않았다. 이 일을 빌미로 재상 조여우, 한탁주 등이 광종을 퇴위시키고 광종의 둘째 아들인 조확을 영종으로 옹립했다. 영종(남송의 4대 황제)이 왕위에 오를 때, 주자의 나이는 이미 66세에 이르러 있었다. 그 후 조카딸을 영종의 황후로 들여보낸 한탁주는 라이벌 조여우 일당을 제거하는 한편, 주자의 성리학을 거짓 학문이라며 탄압하기 시작했다.

권세를 쥐고 마음대로 휘두르던 한탁주는 황후 한씨의 죽음으로 권력을 잃을까 불안해지자, 금나라를 상대로 대규모의 전쟁을 일으켰다. 이 무모한 도전이 실패로 끝나자, 영종은 새로운 황후 양씨와 대신 사미원과 결탁하여 한탁주를 죽여 버렸다. 1207년, 사미원은 한탁주의 베어진 머리통을 금나라에 보냄으로써 두 나라의 관계를 회복시켰다. 그 공으로 사미원은 재상이 되어 남송의 실권을 장악하고, 그 후 26년 동안 재상의 지위에 있었다.

영종은 권력 욕심이 많지 않았지만 간사한 사미원에게 속아 제대로 된 정치를 펼치지 못했다. 그는 말수가 적었고 학문이나 정치에 관심이 없었다. 영종은 말을 더듬었는데, 금나라의 사신을 접견할 때에는 병풍 뒤에 말재주 좋은 환관(내시)을 두어 도움을 받았다.

나라 안팎으로 어지러운 시대를 거치는 동안 나이가 들었지만 주자의 올곧음은 젊은 시절과 조금도 다름이 없어 한탁주 같은 무리들의 행태를 너그러이 봐주지 못했다. 그러나 간신배들을 물리치라는 주자의 조언을 들은 영종은 그를 해직시켜 시골로 돌려보냈다. 이 기회를 틈타 반대파들은 주자학을 금지하도록 압력을 가했다. 심지어 몇몇 간신배들은 "주자가 무리를 모아 나라를 도둑질하려 하니, 그의 목을 베어 여러 백성들 앞에 보여야 합니다."라고 고했다.

주자를 따르던 많은 학자들은 이 일에 연루될까 봐 전전긍긍하며 그의 곁을 떠나갔다. 어떤 사람은 산 속으로 숨었고, 어떤 사람은 자신은 장사꾼이라며 결코 도학(성리학을 가리킴.)을 하지 않는다고 우겼고, 어떤 사람은 반대파에 붙어 주자를 모함하기도 했다. 마침내 황제는 "조정에 사람을 추천할 경우에는 반드시 성리학도가 아님을 보증하라!"라는 명령을 내렸다.

최악의 상황으로 치닫자, 주자는 수만 단어에 이르는 긴 상소문을 작성하여 성리학이 잘못된 것이 아님을 변호하려 했다. 그러나 제자들이 강력히 말렸다. 처음에는 제자들의 말을 듣지 않았지만, 앞날을 걱정하여 몰래 상소문을 태워버렸다. 그리고 조정에는 뉘우치는 글을 올림으로써 무거운 벌을 면했다.

 ## 세상을 떠난 후에 인정받다

주자는 자신의 학문이 무너져 가는 중에도 실망하지 않고 제자들과 편지를 주고받으며 가르침을 이어 나갔다. 이미 삶과 죽음의 문제를 초월하고 있던 그는 친구에게 이런 편지를 보냈다.

"내 한 몸의 이로움과 해로움은 생각지 않네. 다만 내가 염려하는 것은 진시황이 분서갱유와 같은 난폭한 정치를 행한 것처럼, 장차 이러한 폭정이 몰려와 우리 학문이 화를 당하지 않을까 하는 것일세!"

이때 주자의 나이는 예순아홉이었다. 하루 종일 독서와 학문 연구에 몰두하는 주자의 몸은 점점 더 쇠약해져 갔다. 급기야 눈병까지 심하게 앓아 책을 볼 수조차 없었다. 이런 처지에서도 조금도 쉬지 않고 마지막 열정을 다해 학생들을 가르쳤다.

주자가 세상을 떠나기 이틀 전에 학생들이 문병을 왔다. 그는

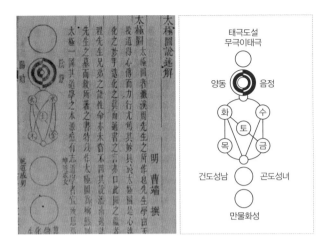

『태극도설』: 우주의 생성, 인륜의 근원을 논의한 249글자로 된 짧은 글. 주자가 정교한 해석을 하여 자신의 철학을 서술한 후, 주자학의 교범으로 여겨지고 있다. '태극도'를 설명한 것으로, 그 다섯 가지 위치의 순서에 따라 무극이태극無極而太極·음정양동陰靜陽動·오행五行·건곤남녀乾坤男女·만물화생萬物化生의 전개를 나타낸다. 즉, 무극의 진眞과 이기오행二氣五行의 정精과의 화합으로 건남곤녀乾男坤女를 낳고, 만물이 화생하나 만물은 결국 하나의 음양으로, 그리고 음양은 하나의 태극으로 돌아간다는 이론이다.

간신히 일어나 온 힘을 다하여 주렴계(주돈이. 주자는 그의 사상을 바탕으로 성리학을 체계적으로 전개하였음.)의 『태극도설太極圖說』과 장횡거(불교의 관념론적 사상을 극복하고 오륜오행의 도덕을 확립하였음.)의 『서명』(인仁의 도리를 설명한 글. 서재의 서쪽 창에 걸어놓았다고 하여 붙여진 이름)을 자세히 설명해 주었다. 이것이 그의 마지막 강의가 되었다. 1200년 3월 9일, 주자는 지켜보고 있던 벗들에게 "뜻을 굳게 가져라!"라는 마지막 말을 남기고 숨을 거두었다. 그가 세상을 떠나자, 반대파들은 "만약에 세상을 혼란시키는 무리들이 모여 거짓을 가르친 스승을 장사 지내면, 반란죄로 처벌할 것이다."라고 위협했다. 그럼에도 불구하고 주자의 장례를 지켜보기 위해 천여 명이 찾아왔다.

주자는 열여덟에 진사시에 합격하여 일흔에 생애를 마칠 때까지 여러 벼슬을 거쳤다. 그러나 9년 정도만 현직에 근무했고, 그 밖의 벼슬은 학자에 대한 일종의 예우로 현지에 꼭 부임할 필요가 없는 이름만 있는 벼슬이었다. 어쩌면 이러한 환경 때문에 학문에 전념할 수 있었는지도 모른다.

주자는 살아생전 황제로부터 인정을 받지 못했다. 그러나 세상을 떠난 후에 새로운 평가를 받게 되었다. 남송의 이종(14대 황제)은 주자의 글을 읽은 후, 신하들 앞에서 이렇게 말했다.

"짐은 이 책에 매료당하고 말았도다. 한 번 읽기 시작하면 도무지 책을 놓을 수가 없으니 말이오!"

그 후 이종은 주자에게 태사太師(천자의 교육을 담당하는 최고의 관직)의 관직을 추서(죽은 뒤에 벼슬을 올림.)하고, 그의 위패(죽은 사람의 이름과 죽은 날짜를 적은 나무패)를 공자묘에 모시도록 명령했다. 또 그가 주석을 단 사서(『대학』, 『논어』, 『맹자』, 『중용』)를 학생들의 교과서로 지정하고, 과거 시험 교재로 삼도록 했다. 또, 주자학朱子學(주돈이, 정호, 정이, 장재 등에게서 비롯되어 주자가 집대성한 새로운 경향의 유학)은 고려 말엽에 우리나라에 들어와 조선의 정치와 사상을 완전히 지배했다.

주자

　　주자(1130년~1200년)는 남송의 유교 사상가로, 주자학을 완성했다. 그는 과거 급제 후 50여 년 동안의 생애 가운데 40여 년을 제자 양성에 힘썼다. 제자의 수가 530여 명에 이르며, 약 80여 종에 이르는 책을 남겼다. 이 가운데 사서에 해설을 단 『사서집주四書集注』가 가장 유명하다. 유교의 네 가지 경전인 『논어』, 『맹자』, 『대학』, 『중용』을 이르는 '사서'라는 명칭은 여기에서 비롯되었다.

　　주자는 우주의 근본 원천을 무극이태극無極而太極으로 보았다. 무극과 태극은 둘이 아니고 하나이다. 무극이 태극이고, 태극이 무극인 것이다. 태극 외에 따로 무극이 없다. 다시 말해 무성無聲(소리가 없음.), 무취無臭(냄새가 없음.), 무형無形(형체가 없음.), 무술無述(표현할 수 없음.)한 아무 것도 없는 상태를 무극이라 한 것뿐이니, 그것은 허무가 아닌 실재로서 만물을 생산하는 근원인 것이다. 그렇다면 태극이란 무엇인가?

　　"나누어지기 이전의 전체로 보면 모든 사물이 하나의 태극이고,

나누어지고 새로 생겨난 각 개별적 사물의 입장에서 보면 하나하나의 사물이 각각 하나의 태극이다. 이를 다시 비유하면, '달이 떨어져 모든 시냇물에 있고 곳곳마다 동그란 모습이 비추니 하나가 모두요, 모두가 하나'인 것이다."

또, 이동기수설理同氣殊說을 주장했다. 모든 사물은 모두 이理(세상의 근본원리, 섭리)를 갖추고 있기 때문에 이理로써 보면 똑같다. 그럼에도 실제 나타나는 현상에 무수한 차별이 있는 것은 기氣에 바르고 치우침, 맑고 흐림이 따로 있기 때문이다. 그런데 음양의 두 기운인 이와 기는 다시 오행五行으로 나뉘고, 이 오행이 결국 모든 사물을 이룬다. 이 과정을 좀 더 자세히 살펴보자.

인간이 생겨나고 죽어 가는 과정은 우주의 순환 이치와 같다. 우리가 살고 있는 지구는 태양을 구심점으로 자전과 공전을 거듭하고 있는, 일종의 별이다. 그런데 별의 원소는 물水, 나무木, 불火, 흙土, 쇠金의 오행으로 이루어져 있다. 이것들을 움직이게 하는 요소는 바로 음양의 이치이다. 음양의 이치란 마치 수레바퀴가 돌아가는 것과 같고, 톱니바퀴가 맞물려 돌아가는 것과 같아서 천지 만물이 순환되면서 돌아가기 마련이다. 하늘과 태양은 높고 밝은 양陽을 나타내는 반면, 지구와 물은 낮고 어두운 음陰을 뜻한다. 양은 남자요, 음은 여자이다. 그러므로 하늘과 태양은 남자이자 양이고, 땅과 달은 여자이자 음이다. 이 오행 가운데 바름正을 얻으면 인간이 되고, 치우침偏을 얻으면 다른 사물이 된다. 인간이 만물의 영장이고 소우주라 하는 까닭이 바로 여기에 있다.

　우리 인간에게는 수양이 필요한데, 본연의 성性이 순수한 데 반하여 후천적인 기질지성은 기氣에서 생겨나기 때문에 청탁清濁(맑음과 흐림), 혼명昏明(밝음과 어둠), 후박厚薄(넉넉함과 모자람) 등의 차별이 있게 된다. 이에 따라 사람 사이에도 자연히 차별이 나타나 선한 자와 악한 자, 현명한 자와 어리석은 자가 생겨난다. 가령 성인은 기질이 매우 맑기 때문에 그 안에 깃들어 있는 본연지성이 온전히 드러나지만, 보통 사람은 그 기질이 흐리므로 본연지성이 가려지기 쉽다. 수양이란 결국 이 흐릿한 기질을 변화시켜 맑게 만드는 작업이다. 주자는 인격 수양의 강령으로 거경居敬(모든 일에 공경의 자세를 유지하는 것)과 궁리窮理(만물의 이치를 추구해 가는 것)를 들었다. 이 두 가지 공부는 마치 수레의 두 바퀴와 같고 새의 두 날개와 같다고 했다.

　주자는 이정(정호, 정이) 형제의 사상을 날줄(옷감이나 그물을 짤 때 세로 방향으로 놓인 실)로 삼고, 주렴계와 장횡거의 철학을 씨줄(가로 방향으로 놓인 실)로 삼아 거대한 이학理學의 체계를 짰다. 그리고 위로는 공자, 맹자에 거슬러 오르고 옆으로는 불가와 도가에까지 미쳐 유가의 새로운 사상과 방법을 완성했다. 이러한 능력을 두고 주자를 서양의 칸트에 비유하기도 한다.

나와 너의
구별이 없다

원효는 신라 진평왕이 다스리던 시기에 지금의 경북 경산시 자인면 밤실에서 오색구름이 찬란한 가운데 첫 울음소리를 냈다. 석가와 출생 상황이 놀랍도록 비슷하다. 그의 어머니가 어느 날 꿈을 꾸었는데, 유성(별똥별)이 뱃속으로 들어와 요동치는 바람에 깜짝 놀라 깨어났다. 그러고 나서 아기를 잉태했다. 산달이 다가와 친정집으로 가던 도중 밤나무 밑에서 쉬다가 원효를 낳았다. 갑작스럽게 산기(임신부가 아이를 낳으려는 기미)가 보여 남편의 옷을 밤나무에 걸어 임시 공간을 만들어 아이를 낳은 연유로 그 밤나무를 '사라수'(명주실로 짠 비단인 사라를 걸어 놓았기 때문에 붙여진 이름으로 보임.)라고 불렀다. 훗날 원효는 여기에 절을 세우고 이름을 '사라사'라 지었다.

'사라밤'이라 불렸던 사라수의 밤은 유난히 커서, 다음과 같은 일화가 전해진다. 사라사의 노비가 한 끼 식사로 주는 밤 두 알이 너무 적다며 관가에 고발을 했다. 그러나 관리가 조사하여 보니, 밤 하나만으로도 큰 사발이 가득 찰 정도였다. 사또는 도리어 "한 끼에 밤 두 알은 너무 많으니, 한 알씩만 주어라."라고 판결을 내렸다.

배고픈 너구리에게는 먹이가 불공이다

원효의 본래 이름은 설서당이고, 원효는 그의 법명法名(불교에서 승려가 된 사람에게 지어 주는 이름)이다. 아버지 설담날은 신라의 하급 관리직인 내마(17관등 가운데 11번째 등급)를 지냈다. 원효는 열다섯 살에 어머니를 여읜 충격에 '사람은 왜 죽을까? 어머니는 어디로 가셨을까?' 하는 철학적인 사색을 시작했다. 그 후 인생무상을 느끼고 생로병사의 이치를 터득하고 싶어 출가(속세의 인연을 버리고 승려가 됨.)를 했다. 이때 자기 집을 절로 바꾸어 초개사라 불렀다.

원효의 소년 시절에 관한 기록은 거의 없지만 태어날 때 딱 한 번 울고 생을 마칠 때까지 울지 않았다고 전해진다. 한 살 때부터 건장하고 씩씩한 장부처럼 의젓한 태도를 보였으며, 일곱 살이 되면서 산에 혼자 있기를 좋아했다. 그것을 알고 할아버지가 자그마한 초가집을 지어 주었다고 한다. 그 후 원효는 다른 청년들처럼 화랑花郎이 되어 학문, 궁술, 검술, 기마술, 풍류 등을 익혔다.

원효가 불교에 귀의(부처에 의지하여 구원을 청함.)한

원효대사: 왕실과 귀족들에게만 널리 퍼져 있던 불교를 일반 백성들에게 전파하여 불교의 대중화를 이루었다.

까닭에 대해서는 여러 가지 설이 있다. 앞서 얘기한 것처럼 어머니가 돌아가신 것을 보고 충격을 받아 출가했다는 이야기도 있고, 백제와의 전투에서 동료들이 죽어 가는 것을 보고 귀의했다는 이야기도 있다. 또 방울 스님과의 만남이 결정적 계기가 되었다는 이야기도 있다. 방울 스님은 원효를 처음 만났을 때, 그의 근심과 번민을 환히 꿰뚫어 보았다.

"부귀영화는 헛된 꿈이야. 삶과 죽음, 병으로 인한 괴로움, 고통, 시련, 번민은 이치를 깨닫지 못하기 때문에 일어난다. 진정한 이치를 깨닫게 되면 괴로움에서 벗어나 삶의 희열을 느끼게 되지."

이 말을 듣고 원효는 불교의 도를 닦겠다고 마음먹는다.

원효에게는 혜공선사와 대안대사 두 스승이 있었다. 하루는 대안대사가 자신이 거처하는 곳으로 원효를 불렀다. 원효가 도착했을 때, 마침 어미를 잃은 새끼 너구리가 배가 고파 낑낑거리고 있었다. 대안대사는 원효에게 새끼 너

구리를 위해 불공(부처 앞에 공양을 드림.)을 좀 드리라고
했다. 그러자 원효는 목탁을 꺼내어 염불을 외기 시
작했다. 그것을 본 대안대사가 원효를 말리면서 말
했다.

화랑: 신라 진흥왕 때에 인재를 선발할
목적으로 만든 조직 또는 화랑에 소속
된 사람을 가리킨다. 왕과 귀족의 자제
로 구성되었으며, 풍월주, 화랑, 낭두郞
頭, 낭도郞徒 등으로 위계가 있었다. 무
열왕과 경문왕, 김유신 등도 모두 화랑
출신이다.

"여보시오, 스님! 그래서야 어찌 새끼 너구리들
의 배가 부르겠소? 내가 하는 것을 잘 보시오."

대안대사는 죽을 만들어 새끼 너구리의 입에 넣어 주었다.

"배고픈 너구리에겐 이게 최고의 불공이 아니겠습니까?"

구제받아야 할 것은 내 마음이로다

어느 날, 대안대사는 원효를 데리고 서라벌(경주의 옛 이름)의 북촌
으로 갔다. 그곳은 천민들이 사는 곳으로, 술집도 있는 저잣거리(시
장거리)였다. 대안대사는 한 술집으로 들어가 주모(술집의 여주인)에게
술을 시켰다. 그러고는 원효의 옆에 앉은 기녀에게 농담을 던졌다.

"네 옆에 있는 분이 누구인지 아느냐?"

기녀는 함박 웃음을 지으며 대답했다.

"어찌 모르겠습니까? 덕망 높은 원효 스님 아닙니까?"

기녀가 옷자락을 잡아당기며 원효를 끌어안자, 대안대사는 껄

껄 웃었다.

"어허, 덕망 높은 큰스님한테 그렇게 안기면 되겠느냐? 스님께 해를 끼친 죄로 지옥 불에 떨어질 것이니라."

기녀가 웃으며 말을 받아쳤다.

"무엇이 걱정입니까? 이렇게 덕망 높은 스님이 계신데, 소녀 따위야 금방 지옥에서 건져 주시지 않겠습니까?"

얼굴이 벌게진 원효는 자리를 박차고 나왔다. 원효의 뒤에 대고, 대안대사가 큰소리로 웃으며 말했다.

"이보시오, 원효! 지금 여기 구제받아야 할 중생(생명을 지닌 모든 존재. 부처의 구제 대상이 되는, 깨달음을 얻지 못한 사람들)이 이렇게 많은데, 이들을 두고 어디에 가서 중생을 제도濟度 하겠다는 말이오?"

대안대사의 말을 듣고 원효는 홀연히 깨달았다. 중생과 부처가 둘이 아니고, 귀천貴賤이 하나이며, 생사生死가 하나이고, 공空과 색色, 선과 악善惡, 옳음과 그름是非 등이 모두 하나라는 것을 말이다.

이때부터 원효는 자신의 신분을 감추고, 감천사라는 절에 들어가 부목(절에서 땔나무를 하여 들이는 사람) 생활을 시작했다. 그는 밥을 짓고 빨래를 하면서 궂은일을 도맡아 했다. 그곳에 방울 스님이라고 불리는 괴팍한 스님이 있었다. 방울 스님은 절 법규도 따르지 않고, 공양 시간도 지키지 않았으며, 스님으로서의 체면이나 권위도 차리지 않았다. 식사 시간이 지나고 와서 누룽지를 내놓으라고 떼를 쓰는 행동도 서슴지 않았다. 그러다 보니 모든 사람이 그를 업신여겼다. 하지만 원효는 방울 스님을 정성껏 모셨다.

그러던 어느 날, 스님들이 모여 『대승기신론大乘起信論』을 가지고 토론을 했다. 원효가 듣기에 너무 한심해서 조금 참견을 하려 했더니, 부목 주제에 감히 끼어든다고 꾸지람만 들었다. 아무리 논쟁을 해도 결론이 나지 않자, 주지 스님이 원효가 지은 『대승기신론소』를 건네주며 잘 읽어 보라고 했다. 스님들은 이구동성으로 책이 아주 쉽고 잘 해석되어 있다고 칭찬했다. 그러다가 부목이 말한 이야기와 매우 흡사하다고 생각한 스님들은 원효를 주목하기 시작했다. 이를 눈치 챈 원효는 밤이 이슥할 때 절 문을 나섰다. 그때 문간방에서 잠을 자고 있던 방울 스님의 목소리가 들렸다.

"원효, 이 사람아! 잘 가게나."

원효는 몽둥이로 머리를 한 대 얻어맞은 듯한 충격을 받았다. 산을 내려오면서 원효는 지난날 북촌에서 빠져나올 때 들었던 대안 대사의 말을 떠올리며 큰 깨달음을 얻었다.

'아. 정작 구제받아야 할 사람은 북촌 사람도 아니고, 감천사 사

제도: 미혹한 세계에서 생사生死만 되풀이하는 중생을 건져 내어 생사 없는 열반의 언덕에 이르게 함을 뜻한다.

공과 색: 공空은 비물질, 색色은 물질을 나타낸다. 『반야심경』에 "색즉시공 공즉시색色卽是空 空卽是色"이란 구절이 있는데, 이는 곧 "색이 곧 공이요, 공이 곧 색이다."라는 의미로, 물질적인 세계와 평등 무차별한 공의 세계가 다르지 않음을 뜻한다.

『대승기신론』: 문답식으로 된 대승불교 개론서. 인간의 마음은 전 세계를 인식의 내용으로 하고, 영원한 과거를 포함하여 무한한 미래까지 개척하며, 망상과 깨달음의 두 가지 성질을 지니고 있다. 이 마음의 위대성을 대승大乘이라고 하는데, 이를 수행함으로써 망상에서 벗어나 깨달음에 도달할 수 있다는 것이다.

람도 아니구나. 중생을 제도해야겠다는 마음을 가지고도 분별심(불교에서 나와 너, 좋고 싫음, 옳고 그름 따위를 헤아려서 판단하는 일)에서 헤어 나오지 못한 나 자신의 마음이구나.'

세상의 온갖 것이 오직 마음 하나

그 이후 원효는 전국을 돌아다니며 불교의 진리 탐구에 매진했고, 장차 이차돈 같은 고승이 되리라고 마음먹었다. 그는 어려운 사람을 돌봐 주고 병든 사람을 불공으로 치유해 주는가 하면, 노인을 공경하고, 어린아이를 귀여워했다. 그래서 초개사는 원효의 설법을 듣겠다고 몰려오는 사람들로 늘 붐볐다.

이 무렵에 같은 집안사람인 의상대사가 찾아와 불법을 공부하러 함께 당나라에 다녀오지 않겠느냐고 청했다. 원효는 의상대사와 함께 유학을 떠났다. 그러나 당나라를 코 앞에 둔 요동(지금의 요녕성 동남부 일대) 근처에서 고구려의 순찰대에 붙잡히고 말았다. 첩자 혐의로 심문까지 받았지만 얼마 후 무사히 풀려나 귀국했다.

10여 년이 지나 신라가 백제를 합병한 다음 해인 661년, 이번에는 바다를 건너 당나라로 가기로 했다. 원효와 의상대사는 서해안의 당주(지금의 경기도 남양 부근)에 도착해 바닷가에서 무역선을 기다렸다. 해가 저물어 어둠 속을 헤매던 두 사람은 빈 초막을 찾아 들어가 잠이 들었다. 밤중에 심한 갈증을 느껴 잠을 깬 원효는 주위를 더듬다가 물이 들어 있는 그릇을 발견했다. 원효는 시원하게 물을 마시고 다시 잠이 들었다.

다음날 눈을 떴을 때는 해가 중천에 솟아 있었다. 정신을 차리고 주위를 살펴보니, 둘이 잠들었던 곳은 초막이 아니라 무덤 안이었다. 더 놀라운 일은 밤중에 시원하게 들이켰던 물은 해골에 괴어 있던 썩은 물이었다. 원효는 뱃속에서 구역질이 나올 것 같았다. 바로 그 순간, 원효는 '세상의 온갖 것이 오직 마음 하나'라고 하신 부처님의 말씀이 떠올랐다. 그는 "불법을 구하러 당나라에 가려 했는데, 이제 굳이 당나라에 갈 필요가 없게 되었다." 하고 되돌아왔다. 의상대사는 홀로 당나라에 가서, 화엄종의 2대조인 지엄智儼으로부터 화엄학을 배워와 해동 화엄종의 창시자가 되었다.

원효는 그 뒤로 좋고 나쁨, 길고 짧음, 나와 너의 구별을 초월하였고, 어떤 계율이나 형식에도 얽매이지 않았다.

이차돈(위): 신라 법흥왕 때의 승려로 불교의 공인을 위해 순교를 자청했다. 그가 처형되자 피가 하얀 젖으로 변하는 기이한 일이 벌어져 불교가 공인되었다고 전해진다. 그 공을 기리기 위해 이차돈의 순교비(아래)가 만들어졌다.

요석 공주와의 하룻밤으로 파계승이 되다

경주로 돌아온 원효는 엄한 계율에서 벗어나 자유로운 생활을 즐겼다. 이때부터 계율을 깨뜨린 '파계승'이라는 비난이 쏟아졌지만, 원효는 담담하게 맞섰다.

"더러움과 깨끗함은 따로 있는 것이 아니다. 속된 것과 참된 것 역시 따로 떨어져 있는 것이 아니다."

그런데도 원효가 여는 법회는 선풍적인 인기를 끌었다. 잘생긴 데다가 우렁찬 목소리를 가졌고 설법 내용도 감동적이어서 듣는 사람들의 마음을 사로잡았다. 한동안은 "도끼에 자루를 낄 자가 없느냐? 내가 하늘을 받칠 큰 기둥을 깎아 보련다!"라는 노래를 부르며 돌아다녔다.

아무도 그 뜻을 몰랐는데, 태종 무열왕(신라의 29대 왕)이 노래를 전해 듣고 그 의미를 알아차렸다. '원효대사가 귀부인을 얻어, 어진 아들을 낳고 싶은 모양이구나!' 그는 화랑 김흠운에게 시집갔다가 과부가 된 자신의 둘째딸 요석 공주를 그 짝으로 정하고 원효를 찾아오라고 일렀다. 때마침 문천교를 건너던 원효는 관리들이 자기를 찾고 있다는 것을 눈치 채고 일부러 다리에서 뛰어내렸다. 관리들은 옷이 흠뻑 젖은 원효를 가까운 요석궁으로 안내했다. 요석궁에서 공주와 하룻밤을 보낸 원효는 파계승이 되었다. 원효는 중의 옷

을 벗고, 자기를 소성小性거사 또는 복성ト性거사라고 불렀다. 얼마 후 요석 공주가 임신하여 낳은 아들이 설총이다. 그러나 원효는 결혼 2주 만에 회의를 느끼고, 다시 불자佛子로 돌아갔다.

요석 공주는 원효가 수행하던 근처에 별궁을 지어 설총과 함께 지냈다. 그리고 아침저녁으로 원효가 있는 곳을 향해 절을 올렸다.

설총: 원효의 아들로 원효 버금가는 성인으로 추앙받았다. 아버지가 불교에서 거목이었다면, 아들은 유교에서 거장이었다. 강수, 최치원과 함께 신라의 3대 문장가로 꼽히며, 이두吏讀(한자의 음과 훈을 빌려 한국어를 적던 표기법) 문자를 집대성했다.

광대 복장을 하고 불교를 대중화시키다

원효는 백성들의 삶 속으로 들어가 불교를 쉽게 이해시키고 싶어 했다. 그 방법을 고민하고 있을 때 광대들이 표주박(작고 둥근 박을 둘로 쪼개어 만든 바가지)을 가지고 춤추는 것을 보게 되었다. 원효는 그 장면을 보면서 불교를 대중화시킬 방법을 생각해 냈다.

'광대 같은 복장을 하고 불교의 이치를 노래로 지어 부르면 대중들에게도 부처님의 가르침을 알릴 수 있겠구나!'

원효는 광대 복장을 하고, 표주박을 두드리면서 화엄경의 이치를 노래로 지어 부르기 시작했다. 노래를 부르면서 길을 걷는가 하면, 거지들과 한데 어울려 잠을 자기도 했으며, 귀족들 틈에서 흥미로운 이야기를 하며 밤을 새우기도 했다. 때로는 깊은 산중의 암자에서 꼼짝하지 않고 좌선(두 다리를 포개 가부좌를 하고, 정신을 집중하여 무념 무상의 경지에 들어가는 수행 방법)을 할 때도 있었다. 가끔은 무애당에서 밤을 새우며 책을 쓰기도 했다.

여러 사람들과 어울려 술집에도 드나들었고, 쇠망치를 가지고 다니며 돌에 글을 새기기도 했다. 가끔은 조상의 신주를 모신 시당에 가서 가야금과 악기를 연주해 미친 사람처럼 보이기도 했다. 원효는 모든 집착에서 벗어나는 한편, 백성들 속으로 들어가 그들과 함께하려고 했던 것이다. 그는 "나무아미타불만 외우면 누구나 극락에서 새로 태어날 수 있다."라고 설교하면서 불교를 일반 백성들

원효대사 삿갓 : 1300년 전, 불교의 대중화를 위해 힘쓴 원효가 썼던 삿갓. 혜공선사와의 일화가 전해지는 오어사에 소장되어 있다.

에게까지 확산시켜 나갔다.

원효의 노력 덕분에 오두막집에 사는 아이들도 부처의 이름을 알게 되었고, 나무아미타불 한마디는 할 줄 알게 되었다. 한편으로 원효의 이런 행동은 다른 승려들로부터 멸시받고 소외되는 원인이 되기도 했다.

내 똥이 네 고기다

하루는 원효와 혜공선사가 냇가에서 물고기를 잡으며 놀았다. 그러다 원효가 바위 위에서 개울 쪽으로 변을 보았다. 혜공이 그 모습을 보며 말했다.

"네 똥이 내 물고기다汝屎而吳魚(여시이오어)."

이때부터 주변에 있던 항사사恒沙寺가 오어사吳魚寺로 이름이 바뀌었다고 한다.

'여시오어汝屎吳魚'란 말은 두 가지로 해석된다. "네 똥은 내 물고기다!"와 "네 건 똥이고, 내 건 물고기다!"

이와 관련한 다른 이야기도 전해진다. 어느 날, 원효와 혜공이 물고기를 잡아먹고 똥으로 배설된 물고기를 살리는 시합을 벌였다. 두 사람 모두 물고기로 살려 내기는 했다. 하지만 한 마리는 얼마

혜공선사: 귀족의 집에서 심부름하는 할멈의 아들로 태어났으며, 어려서부터 기이하고 신통한 일이 많았다고 한다. 공중에 뜬 채로 입적(승려의 죽음)했는데, 사리(참된 불도 수행의 결과로 생긴다는 구슬 모양의 유골. 스님들의 시신을 화장하고 난 후, 유골에서 추려 낸 구슬 모양의 작은 결정체)가 그 수를 헤아리지 못할 만큼 많았다고 한다.

오어사: 원효대사와 혜공선사가 법력으로 물고기를 살리는 시합을 했다는 전설이 내려오고 있는 곳이다. 그 때문에 항사사라고 불리던 절 이름이 오어사로 바뀌었다.

살지 못하고 죽었고 다른 한 마리는 살아서 힘차게 헤엄쳐 갔다. 원효와 혜공은 서로 자기가 살린 물고기가 헤엄쳐 갔다며 "내吳 고기魚"라고 했다는 이야기이다.

하나의 대들보 역할을 하다

　당나라로부터 불경 『금강삼매경』을 새로이 구한 왕이 그 해설을 듣고 싶어 대규모의 법회를 열라고 명했다. 전국의 고승들을 초대하고 강의를 해 줄 대사를 찾았지만, 그 내용이 너무 어려웠던 탓에 강의할 만한 인물을 찾아낼 수 없었다.

한 승려가 당나라 유학을 마치고 돌아온 대안법사를 추천했는데, 대안법사는『금강삼매경』을 훑어보고 머리를 가로저었다.

"이것을 강의할 수 있는 사람은 원효밖에 없습니다."

경주에서도 멀리 떨어진 초개사에서 지내던 원효는 왕이 보낸 사신을 따라 나섰다. 소를 타고 가면서 원효는 양쪽 뿔 사이에 벼루를 놓고 붓을 들어 강론할『금강삼매경』을 풀이했다. 후세 사람들은 이를 가리켜 각승角乘이라고 불렀다. 그런데 이 다섯 권으로 된 책을 누가 훔쳐 가고 말았다. 원효는 하는 수 없이 왕에게 아뢰어 사흘을 더 연기해 다시 세 권으로 소(임금에게 올리는 글)를 지었다. 이것이 바로『금강삼매경론』이다. 중국 남북조시대에서 당나라 초기까지 중국 불교에서 제기된 모든 교리를 다루고 있는『금강삼매경』은 원효의 주석 없이는 이해하기 어려운 경전이었던 것이다.

왕과 여러 대신들과 전국의 명망 높은 스님들 앞에서 원효는 설법을 풀기 시작했다. 그 음성은 도

각승: 소의 뿔角 위에 붓과 벼루를 놓고, 소의 잔등을 타고乘 가면서 글을 썼다고 해서 각승角乘이라고 일컬었다. 하지만 여기에서 '뿔'의 뜻을 가진 각角은 '깨달음'을 의미하는 불교에서의 각覺과 음이 같아 뜻 역시 서로 통하는 것으로 보아야 한다. 또한, '탈' 승乘은 불교에서 말하는 승乘과 음이나 뜻이 모두 같다. 다시 말해, 불교는 소승小乘과 대승大乘으로 구분하는데, 소승의 뜻은 '이 사바 세계에서 열반의 세계로 모든 중생을 실어 나르기에는 턱없이 작고 보잘것없는 수레 혹은 배'라는 것이다. 그래서 혼자 수행하며 부처의 자비를 구하는 데 반하여, 모든 중생을 제도하겠다는 큰 포부를 갖고 교화를 위주로 하는 불교를 대승불교라 부른다.

경주 분황사 모전석탑 : 분황사는 634년, 선덕여왕 3년에 건립되었다. 원효가 이곳에서 지내면서
많은 경전을 지었다. 원효는 이곳에서 말년을 보내다가 죽었고, 설총이 아버지 원효의 유골을 이
곳에 안치했다.

도히 흐르는 강물처럼 장내에 울려 퍼졌고, 위풍당당한 그의 모습
을 찬양하는 소리가 덕망 높은 고승들의 입에서 저절로 흘러나왔
다. 그 가운데 처음부터 눈물을 흘리는 한 여인이 있었다. 요석 공
주였다. 감격에 겨워 그녀는 "부처님, 고맙습니다. 부처님, 고맙습니
다."라는 말만 되풀이했다. 마침내 "원효대사는 살아 있는 부처님이
시다!"라는 외침이 장내에 울려 퍼졌다. 강론을 끝마친 원효는 장
내의 고승들을 훑어보며 말했다.

"얼마 전 나라에서 백 개의 서까래를 구할 때에 나는 감히 그 축에 낄 수도 없었는데, 이제 하나의 대들보를 구하게 되니 비로소 나 혼자 그 역할을 하는구나!"

원효는 더욱더 연구에 매진했다. 노년에는 경주의 고선사에 머물다가, 686년 3월 30일에 경천 남산의 작은 절에서 예순아홉의 나이에 숨을 거두었다. 아들인 설총이 그의 유골을 빻아 사람의 형상을 만들어 분황사에 안치했다. 그리고 신라 애장왕 때에 그의 후손인 설중업이 당시 실권자였던 각간(신라 때의 최고 관직) 김언승(훗날의 헌덕왕)의 후원으로 고선사에 비를 세웠다. 이 비석은 일부가 망가진 채 전해지는데, 원효의 전기(傳記)에 관한 가장 오래된 자료로서 의미가 있다.

서까래: 마룻대에서 도리 또는 보에 걸쳐 지른 나무. 그 위에 나무오리나 싸리나무 따위로 엮은 것을 얹고, 흙을 받쳐 기와를 이게 한다.

대들보: 작은 들보의 하중을 받기 위하여, 기둥과 기둥 사이에 건너지른 큰 들보를 가리킨다.

원효

신라 시대의 승려인 원효대사(617년~686년)는 학문과 교육, 학식이 높은 여러 승려들을 본받아 혼자 공부했다고 전해진다. 불교가 공인된 지 100여 년이 지난 시점에서 '서로 모순된 불교 이론들을 어떻게 정리하고 체계화할 것인가'를 과제로 삼은 원효는 거의 모든 경전을 모아 분류하고, 독자적 해석을 더하여 주석을 달았다. 특히 서로 모순되고 대립하는 견해들을 극복하는 데 화쟁和諍(전체 불교를 하나의 진리에 귀결시키고자 한 것)이라는 개념을 사용했다.

원효의 사상은 '일심一心'이라는 용어에 담겨 있다. 일심이란 모든 중생의 마음을 가리킨다. 마음은 진여眞如(사물 그대로의 모습을 바라볼 수 있는 참된 마음)의 입장에서 보면, 항상 망념(망령된 생각)과 번뇌(마음의 갈등)에 휩싸여 있다. 그러나 이러한 사실을 모르는 무지 때문에 미망(갈피를 잡지 못하고 헤맴)의 현상적 세계가 전개되는 것이다. 그러므로 이것을 깨달으면, 마음은 그 원천으로 돌아와 본래의 모습을 회복한다.

마찬가지로 이러한 입장에서 보면, 진眞(참된 불법의 세계)과 속俗(세상의 속된 것), 부처(도를 깨달은 자)와 범부(번뇌에 얽매인 보통의 세상 사람), 보리菩提(올바른 깨달음의 지혜)와 번뇌 간의 대립이 해소되는 것이다.

원효는 당시 왕실과 귀족 등에만 받아들여진 불교를 일반 백성들에게 전파하고자 노력했다. 제자를 기르는 데는 큰 뜻을 두지 않았고, 당시 신라에서는 높은 평가를 받지도 못했다. 그러나 중국에 널리 알려져 중국 화엄학이 성립되는 데 선구적인 역할을 했으며, 특히 고려 시대에 들어와 의천(고려 11대 왕인 문종의 아들)이 화쟁국사로 품계를 올려주면서부터 재평가되기 시작했다.

9

이규보
李奎報

사람은
저절로 태어날 뿐이다

이규보는 어려서부터 재주가 많은 아이였다. 여러 고전을 뜻을 새겨 가며 자세히 읽었고, 한 번 읽은 것은 끝까지 잊지 않는 재주를 가졌다. 여섯 살 때 이미 시를 지어 그 뛰어남을 드러냈다.

꽃은 울어도 소리가 들리지 않고花笑聲未聽

새는 울어도 눈물을 보기 어렵네鳥啼淚難看.

이름난 유학자 오세재(고려 명종 때의 학자)가 30년이나 손아래인 그와 교류했다는 것은 글재주가 그만큼 뛰어났음을 말해준다. 이규보의 호탕하고 활달한 시풍詩風은 당대를 풍미했으며, 특히 벼슬에 임명될 때마다 그 감상을 읊은 즉흥시는 유명하다.

아버지 이윤수는 개성에서 지방 관리를 지냈고, 상당한 정도의 논밭과 뽕나무밭, 80여 명의 노비를 거느린 비교적 부유한 집안이었다. 아버지의 권유에 못 이겨 몇 차례나 생원과 진사를 선발하는 과거 시험 사마시에 응시했으나 전부 낙방했다. 음풍농월吟風弄月(바람과 달을 대상으로 시를 지으며 즐겁게 노는 일)하는 한시漢詩만을 좋아하고 정형화된 과거 시험 공부에 소홀한 탓이다. 스물세 살이 되어서야 진사에 합격했다. 하지만 최종 선발 시험인 예부시에는 응시하지 않아 중용되지 못했다. 그 후로 이규보는 오랫동안 천마산 등지에서 은거하며, 오로지 독서와 책 쓰는 일에만 힘썼다.

이규보는 백운거사白雲居士, 삼혹호三酷好 선생이라는 호를 가지고 있다. 백운거사라는 호를 통해 그가 산촌에 한가롭게 은거하면서 인생을 달관한 모습으로 살았음을 짐작할 수 있다. 삼혹호 선생이라는 호는 거문고, 술, 글, 이 세 가지를 몹시 좋아했기 때문에 붙여진 것이다.

무신 정권: 고려 의종 24년(1170년)부터 원종 11년(1270년)까지 100년 동안 무신들에 의해 수립된 고려 시대 정부. 무신들 사이에 다툼이 일어나고 사회적 혼란이 이어지자 최충헌(고려 무신 정권기의 집권자)이 이를 수습했다. 그는 문신 친화 정책을 펼치면서 최씨 정권의 기초를 마련했다.

권신: 간신奸臣은 왕의 권위를 인정하면서도 매관매직 등을 일삼는 부패한 관리를 일컫고, 권신은 권력이 왕을 넘어서는 신하를 가리킨다. 왕조차 갈아치우며 허수아비를 내세우는 외척 등을 권신이라 부른다.

충신인가, 권신의 압객인가?

이규보는 10여 년에 걸친 은거와 유랑 생활을 한 뒤, 서른두 살에 비로소 벼슬길에 올랐다. 무신 정권기의 권력을 쥐고 있던 최충헌 부자父子의 눈에 띄어서였다. 그래서 한때는 권신의 압객狎客(주인

이규보 시비: 이규보가 1년 남짓 인천에 지방관으로 부임했을 때, 빗속에서 농사 짓는 사람을 보고 서기에게 써준 글을 새긴 비석이다.

몽골의 고려 침입: 13세기 초 칭기즈 칸에 의해 부족이 통일된 몽골은 1231년부터 1259년까지 6차례에 걸쳐 고려를 침략했다. 고려는 수도를 강화로 옮겨 저항을 계속했고, 부처의 힘으로 적군을 물리치기 위해 팔만대장경을 만들기도 했다. 삼별초의 항쟁으로까지 이어진 끈질긴 저항으로 고려는 나라를 보전할 수 있었다.

과 허물없이 터놓고 지내는 사이)이라는 비난도 받았다. 그러나 경주에서 반란이 일어나자 "국난을 피하는 것은 사나이의 도리가 아니다."라며, 자진하여 전쟁터에 나갔다. 권신들의 거짓된 고발로 여러 차례 유배 생활을 하기도 했다.

이규보가 서른네 살 때에 남쪽 지방 곳곳에서 농민 봉기가 일어났다. 나라에서는 봉기를 진압하기 위해 직위만 있고 아직 직무가 없던 관리들이나 과거 급제자들을 불러들였다. 임금은 이규보에게 '병마록사겸수제'라는 관직을 직접 내렸다. 이규보는 농민들을 진압하는 과정에서 비참한 농촌 생활과 여러 가지 폐단들을 직접 목격했다. 그런 이유로 3년 후 봉기를 진압한 장정들이 공로를 인정받기 위해 논공행상을 벌였지만, 이규보는 어떤 대가도 요구하지 않았다.

여러 차례 관직에 나아갔다가 물러나기를 거듭하던 이규보는 1231년, 몽골군이 고려를 침입하자 명칭만 있고 아무런 직위도 없는 '백의의 산관'

으로 전쟁에 참가했다. 그 무렵 고려에서 작성한 수많은 외교문서
는 모두 이규보가 초안을 잡은 것들이다. 이때 고종(고려의 23대 왕)
의 눈에 들어 관직을 돌려받고, 세상을 떠날 때까지 여러 고급 관
직을 지냈다.

화복흥망은 자신의 힘에 달려 있다

이규보는 당시의 자연과학 수준에서 갖가지 관념론의 오류를
지적했다.

"사람은 저절로 태어나는 것일 뿐, 하늘이 태어나게 하는 것이
아니다. 나는 조물주에게 감히 묻는다. 하늘이 사람을 내고 그 뒤에
오곡(쌀, 보리, 콩, 조, 기장)을 내어 사람이 먹을 수 있게 했고, 뽕나무와
삼을 내어 사람이 옷을 지어 입을 수 있게 했다고 한다. 그렇다면
어찌하여 그 뒤에 독 있는 것들을 만들어 내었는가? 크기가 큰 것
들로는 곰, 호랑이, 표범, 이리, 작은 것들로는 모기, 등에, 벼룩 같은
것들이 있다. 이것들은 사람들에게 주는 피해가 막심한데, 이처럼
하늘의 미워하고 사랑함이 일정하지 않은 것은 무슨 까닭인가?"

또한, 이규보는 사람의 화복흥망(禍福興亡)이 자신의 힘에 달려 있
다고 생각했다. 물건을 빼앗긴 사람을 예로 들어 그것을 설명한다.

"흉악한 사람이 들이닥쳐 빼앗아 가는 것을 하늘의 명命이라 하는데, 이것이 도대체 무슨 말인가? 나는 차라리 이렇게 말하겠다. 내가 그때 조금만 주의하여 상대방에게 틈을 주지 않았다면, 이런 일은 없었을 것이라고 말이다. 강도를 당한 것은 내 스스로 자초한 일이지 하늘의 명命과는 아무 상관이 없다."

당시 일엄이라는 중이 있었는데, 전라도 안찰사 오돈신이 명종에게 이렇게 소개했다.

"일엄은 눈 먼 사람을 눈뜨게 하고, 죽은 사람을 다시 살리는 자이옵니다."

왕은 내시 금극의를 보내 그를 개경으로 데려왔다. 일엄이 개경에 머무는 동안 각지에서 사람들이 몰려들었고, 나중에는 대신들까지 와서 떠받들었다. 소경뿐 아니라 귀머거리, 정신병, 문둥병까지 낫게 해 준다는 소문에 그가 거처를 옮겨갈 때에는 사람들이 머리를 풀어 발밑에 깔아 주었고, 그가 염불을 할 때 함께하는 소리가 10리 밖까지 들렸다고 한다. 그가 목욕한 물까지 귀하게 여겨 나누어 먹는 이가 수두룩했으며, 그 물을 법수法水(번뇌의 때를 깨끗이 씻어주는 물이라는 뜻)라 부르며 온갖 병을 치료해 준다고 믿었다. 머리를 깎고 일엄의 제자가 된 자들도 많았다. 신불神佛(신령과 부처를 아울러 이르는 말)이라 떠받드는 사람들에게 그는 허무맹랑한 말을 했다.

"만법萬法은 오직 한마음에 있으니, 부지런히 염불하면서 '내 병

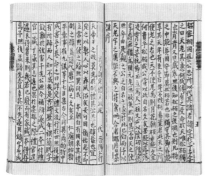
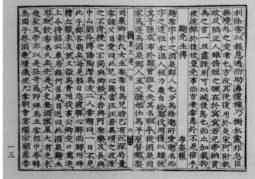

『동국이상국집』(왼쪽): 고려 고종 때 펴낸 이규보의 문집으로, 그의 시문詩文과 고구려의 시조 동명왕 본기를 비롯한 역사가 수록되어 있다.
『국선생전』(오른쪽): 술을 의인화하여 현실 정치를 비판한 작품이다.

이 나았다.'라고 하면 병이 따라서 낫게 되리니, 절대로 병이 낫지 않았다고는 말하지 마라."

이 말을 전해 들은 명종은 그의 간사함을 알아차리고, 고향으로 돌려보냈다. 이규보는 이 일을 두고 크게 한탄했다.

"소경으로 하여금 보이게 되었다고 말하게 하고, 귀머거리로 하여금 들린다고 말하게 하여 사람들을 속이는 짓이야말로 나라를 망치는 요망한 짓이 아니고 무엇인가?"

뛰어난 문장가답게 이규보는 '금중소衾中笑(이불 속에서 웃는다는 뜻)'라는 시를 지어 풍자했다.

사람이 사노라면 우스운 일 하도 많아

낮에는 바빠서 다 웃지 못하고

밤중에 이불 속에서 혼자 웃노라

손뼉을 치며 소리 내어 웃노라.

혼자서 우스운 일 한두 가지 아니나

그중에서 제일 우스운 일 무엇인가

글재간이 모자라 보통 때는 쩔쩔매면서

높은 사람 앞에서는 잘난 체 뽐내는 것.

두 번째 우스운 건 또 무엇인가

벼슬아치 뇌물 받아 깊이 감춰 두고는

물건 하나 가진 것도 사람들은 다 아는데

물보다 맑다고 떠드는 것.

세 번째 우스운 건 체신 없는 여자라

거울을 보고도 제 못난 건 모르고

그 누가 곱다고 추어나 주면

정말로 잘난 체 아양을 떠는 것.

네 번째 우스운 건 바로 내 이야기라

세상살이 거의 다 요행僥倖을 바라면서

모나고 어리석은 줄 사람들은 다 아는데

저 잘나서 이렇게 높아졌다 떠드는 것.

다섯 번째 우스운 건 중놈들이라

미인을 만나면 가슴이 설레면서

먼 하늘만 바라보며 보지도 않은 척

제 마음은 짐짓 무심하고 싸늘한 체함이라.

이규보는 무당에게 점을 치는 것이나 제사를 지내는 것에 대해서도 비판을 멈추지 않았다. 심지어 무당들을 '구멍 속에 사는 천년 묵은 쥐' 혹은 '숲 속에 숨어 사는 구미호'라 부르며 비난을 퍼부었다. 무당들에 대해서는 노골적으로 적개심을 드러내기도 했다.

"삶과 죽음, 재앙과 복을 자기들 마음대로 추측하는가 하면, 그 능력을 믿고 사람들에게서 끝없이 먹을 것을 끌어오고 의복을 빼앗는다. 만약 내게 서슬이 시퍼런 칼이 있다면 다시는 그런 짓을 못하게 하고 싶지만 법이 있어 차마 그러지 못할 뿐이다."

당시 사람들은 '암탉이 우는 것은 집안이 망하거나 사람이 죽게 될 징조'라고 생각했고, '까마귀가 우는 것은 불길한 징조'라고 여겼다. 심지어 "사람이 죽기 전에는 시루가 저절로 깨진다."는 얘기도 전해지고 있었다. 이규보는 이런 말들을 자기 집에서 일어난 일을 예로 들어 반박해 나갔다.

"시루가 깨지는 것은 불이 뜨거워서일 수도 있고, 물기가 다 말라서일 수도 있는 일로,

이규보: 화복흥망은 자신의 힘에 달려 있다고 믿었다. 자연과학을 바탕으로 무속신앙과 제사 지내는 것을 비판했다.

전혀 괴이쩍은 일이 아니다. 우리 집에서 올해 2월 시루가 갑자기 쩍하고 갈라졌는데, 마치 소가 우는 소리 같았다. 마침 지나가던 점쟁이의 말을 듣고 집사람이 기도하려고 할 때, 내가 가로막았다. 그런데 지금까지도 내가 죽지 않고 살아 있지 않은가?"

이규보는 사람이 죽은 뒤 그 자손들이 막대한 재산을 낭비하면서 장례와 제사에 공들이는 것은 살아생전에 한 잔의 술을 따라 드리는 것보다 못하다며 이런 말을 남겼다.

"이 한 몸이 죽어 백골白骨이 된다는 것은 서글픈 일이기는 하다. 하지만 자손들이 일 년에 몇 번씩 무덤에 찾아와 절을 한다 해서, 죽은 자에게 무엇이 돌아가겠는가?"

이규보

고려 시대의 시인이자 철학자인 이규보(1168년~1241년)에 대한 평가는 매우 극단적이다. 최씨 무신 정권에 아부하여 출세했다는 비판을 받는 동시에, 당시 시대정신에 부합한 인물로서 "중세 후기 고려가 나아가야 할 방향을 제시했다."는 평가를 받기 때문이다.

그 시대의 통치자들은 봉건 질서를 유지하기 위해 "하늘과 사람이 서로 감응感應한다."는 목적론적 신학과 참위설, 풍수지리설 등 미신적인 사상을 적극적으로 퍼뜨렸다.

참위설은 고대 중국에서 음양오행설에 의하여 인간 사회의 길흉화복을 예언하던 학설이다. 신라 말의 승려 도선이나 고려 말의 승려 신돈은 참위로 왕조 출현을 예견했다. 풍수와 도참을 결합한 『정감록』(조선 시대 이래 민간에 널리 유포된 우리나라의 가장 대표적인 예언서)은 조선 중기의 대표적인 왕조 출현설에 해당한다.

풍수지리설은 땅이 갖는 자연환경을 정치적 상황에 연결하여 해석함으로써 행정조직을 고치거나 국토의 재편성을 주장하는 이론이다. 조선 초기에는 한양 천도에 이용되었으며, 그 후 양반 사대부들의 묘지 선정에도 영향을 미쳤다. 이 밖에 통치자들은 삼세윤회설(과거, 현재, 미래가 업보에 따라 끊임없이 돌고 돈다는 설), 인과응보, 영혼 불멸과 같은 신비화된 불교 교리를 가지고 나라를 보호하고, 왕을 지키자고 주장했다.

그러나 내우외환의 소용돌이에 휩싸이기 시작한 13세기 고려에서 미신 사상이나 불교 교리를 가지고 국운을 되돌려놓기란 불가능한 일이었다.

이러한 상황에서 이규보는 당시에 도달한 자연과학의 수준 위에서 원기일원론적元氣一元論的 자연관을 내놓았다. 말하자면, 삼라만상은 음양의 두 기가 혼돈하여 아직 나누어지지 않은 상태의 물질적 실체인 원기에 의해 생겨나고 발전한다는 것이다. 이규보의 무신론 사상은 후대 사람들에게 본보기가 되었으며, 한국의 유물론 사상을 발전시키는 원동력이 되었다.

김시습

金時習

신동으로 태어나
방랑자로 살다

방랑의 천재 시인, 절의를 지킨 생육신, 선비 출신의 기인 스님, 남녀 간의 사랑을 주제로 쓴 최초의 소설 『금오신화』를 지은 작가. 모두 매월당 김시습 이름 앞에 붙는 수식어이다. 덧붙여 농민의 고통을 대변한 저항의 시인, 철저하게 기氣일원론을 주창한 성리학자로 평가하기도 한다.

김시습의 집안은 대대로 벼슬에 나아갔으나 정치적 권세도 별로 없고, 재산도 넉넉하지 못했다. 김시습은 강릉 김씨인 김일성의 장남으로 태어났다. 종6품 서반 무관직인 오위부장伍衛部將을 지낸 할아버지의 공으로 그의 아버지는 과거를 보지 않고 충순위(궁궐을 지키는 군사) 자리를 받았다. 하지만 몸이 매우 허약하여 실제로 벼슬자리에는 나가지 못했다.

세종대왕도 감탄한 신동

그의 이름 '시습時習'은 『논어』의 첫 머리에 나오는 "배우고 때때로 익히면 또한 기쁘지 아니한가?學而時習之 不亦說乎"에서 따온 것이다. '재주만 믿지 말고 끊임없이 노력하라.'는 의미가 담겨 있다. 그의 뛰어남을 알아보고, 이웃에 사는 먼 할아버지뻘 되는 최치운이 지어 준 이름이다.

김시습: 성리학자이자 문학가였으나 승려로 방랑 생활을 하며 자신의 뜻을 펼쳤다.

김시습은 태어난 지 8개월 만에 글을 깨우쳤다고 한다. 외할아버지가 천자문을 가르쳤는데, 시습은 말을 제대로 못하면서도 그 뜻을 알아들었고, 붓을 쥐어 주면 그 뜻을 나타낼 줄도 알았다고 한다. 세 살 때부터는 스스로 글을 짓기 시작했고, 다섯 살 때는 이웃에 사는 수찬 이계전의 문하에 들어가 배웠다. 김시습의 소문을 들은 정승 허조가 집에 찾아와 그를 시험해 보았다.

"내가 늙었으니, 늙은 노老자를 넣어 시를 지어 보아라."

주저하지 않고 시습은 글을 지어 답했다.

"늙은 나무에 꽃이 피듯이, 마음은 늙지 않았네老木開花 心不老."

허조는 크게 감탄했다.

"이 아이야말로 신동이로구나."

신동이라고 소문이 나자 김시습은 대궐에까지 불려가게 되었다. 세종대왕은 도승지 박이창을 불러 신동 이야기가 사실인지 알아보라고 명했다. 박이창은 어린 시습을 무릎에 앉혀 놓고, 다음과 같이 말했다.

"어린 그대의 배움은 백학이 소나무 가지 끝에 앉아, 춤을 추는 듯하구나童子之學 白鶴舞靑松之末."

이 말을 들은 시습은 조금도 주저하지 않고 대답했다.

"성스러운 임금의 덕은 황룡이 푸른 바다 가운데서 날아오는 듯하구나聖主之德 黃龍飛碧海之中."

구구절절 대구를 맞춘 명문장이 아닐 수 없었다. 이 이야기를 전해 들은 세종대왕은 다음과 같은 교지를 내렸다.

"내가 불러보고자 하나, 남들이 시기할까 두렵다. 너무 드러내지 말고 잘 가르치도록 하라. 나이가 들고 학업이 성취되면 내가 크게 쓰겠노라."

그리고 비단 50필을 선물로 주면서, 혼자 힘으로 가져가라 일렀다. 벼슬아치들은 시습이 비단 50필을 어떻게 가져갈지 호기심 어린 눈빛으로 지켜보았다. 시습은 비단의 끝을 모두 묶더니 유유히 끌고 나갔다.

유학자의 갓을 내버리다

　1449년(세종 31년) 김시습이 열세 살 때 어머니가 세상을 떠났다. 어린 나이였으나 김시습은 어머니의 무덤 옆에서 여막을 짓고, 삼년상을 치렀다. 그런데 삼년상이 끝나기도 전에 어머니처럼 돌보아 주던 외숙모마저 세상을 떠났다. 아버지가 계모를 맞아들였지만 병을 앓고 있는 상황이어서 가세는 기울 수밖에 없었다. 그런 이유로 스무 살이 되어서야 훈련원도정 남효례의 딸과 혼인할 수 있었다. 그러나 백년가약의 약속대로 가정을 꾸리지는 못했다. 세조의 왕위 찬탈 소식을 듣고 중이 되어 은둔 생활을 했기 때문이다.

스물한 살 때는 삼각산 중흥사에 들어가 불교를 공부했다. 글을 읽고 있던 어느 날, 서울 나들이를 하고 온 사람이 말했다.

"수양대군이 금상(현재 왕위에 있는 임금)이 되었다 하오. 단종은 상왕(왕위에서 물러난 임금)으로 모셔지고……."

당시 조정의 상황을 잠깐 들여다보자. 문종의 아들 단종은 1448년(세종 30년) 왕세손에 책봉되고, 1450년 문종이 즉위하자 세자에 책봉되었다. 문종은 자신이 병약하고 세자의 나이가 어린 것을 염려하여 황보인, 김종서 등에게 세자가 왕이 되었을 때 보필해 줄 것을 부탁했다. 집현전 학사인 성삼문, 박팽년, 신숙주 등에게도 어린 왕의 안위를 부탁하는 유언을 남겼다. 1452년 단종은 문종의 뒤를 이어 왕위에 올랐다. 이듬해인 1453년, 수양대군이 단종을 보필하던 황보인, 김종서 등을 제거하고 모든 권력을 장악했다. 단종은 이름뿐인 왕이 되었고, 1455년 한명회, 권람 등의 강요에 못 이겨 수양대군에게 왕위를 물려주고 상왕으로 물러났다.

이 소식을 들은 김시습은 문을 걸어 닫은 채 밖으로 나오질 않았다. 사흘째 되던 날 저녁에는 대성통곡을 하더니 읽던 책을 모두 태워 버렸다. 그리고 측간(변소)에 들어가 있다가 절을 빠져나왔다.

그 뒤로 조정의 권력 투쟁, 세조의 폭압 정치, 권문세력들의 농민에 대한 횡포와 수탈 등 정치 상황에 대한 불만이 커진 김시습은 관리가 되고자 했던 꿈을 접고, 평생 벼슬과는 인연 없이 살아갔다.

유학자의 갓도 팽개치고, 시통(한시의 운두를 앓은 대나무 조각에 써넣어 가지고 다니던 작은 통) 하나만 등에 지고서 전국 곳곳을 떠돌면서 자신의 방식대로 항의의 뜻을 표현하며 살았다.

한양으로 올라온 김시습은 이곳저곳을 기웃거리며 세상 돌아가는 사정을 주워들었다. 그러다 뜻이 맞는 몇몇 사람들을 만나 강원도 골짜기에 초막을 짓고 살았다. 김시습을 포함한 아홉 사람은 담소도 나누고, 한탄도 하고, 물소리를 들으며 스스로 세상을 등지고 살아가는 아웃사이더이기를 자처했다. 나무 잎사귀에 시를 쓰고

『대학』(위)과 『중용』(아래): 김시습이 다섯 살 때 읽은 책으로 매월당 김시습 기념관에 소장되어 있다.

통곡하다가 물에 띄워 보내기도 했다. 산속에서 갓끈을 씻다가 싫증이 나면 바위에 올라가 돌에 시를 새기기도 했다.

사육신의 시체를 거두다

수양대군이 임금에 오른 이듬해 한양에서는 성삼문, 박팽년, 이개 등이 상왕 복귀를 꿈꾸다가 발각되어 참형되는 사건이 일어났

단종어소: 단종이 두 달 동안 유배 생활을 했던 곳으로, 강원도 영월 청령포에 있다.

사육신: 단종의 복위에 힘쓴 박팽년, 유응부, 이개, 성삼문, 하위지, 유성원 등 여섯 명의 충신을 가리키는 말이다. 사육신은 숙종 때부터 그 공을 인정받았고, 그들의 충성심을 기리기 위해 사육신묘(왼쪽)와 비(오른쪽)를 만들었다.

다. 김종서, 황보인 등을 제거한 뒤에 일어난 두 번째 대량 살육이었다.

이 사건 이후 상왕에서 노산군으로 강등된 단종은 강원도 영월에 유배되었다. 그런데 수양대군의 동생이자 노산군의 숙부인 금성대군이 경상도 순흥에서 복위를 도모하다가 발각되어 독약을 받고 죽었다. 이 일로 노산군에서 다시 강등된 단종은 서인(서민)이 되었다. 그 후에도 스스로 목숨을 끊을 것을 끈질기게 강요당했다. 마침내 단종은 1457년(세조 3년) 10월 영월에서 세상을 떠났다.

조정의 혼란한 상황이 거듭되자 김시습과 숨어 살던 선비들은 뿔뿔이 흩어졌다. 곧 닥쳐올 화를 피하고 새로운 길을 모색하기 위해서였다. 이때 사육신의 시체가 길거리에 버려져 있었는데, 누구도 시체를 거두지 않았다. 이때 어떤 중이 시체를 거두어 노량진 길가 남쪽 언덕에 묻었다고 하는데, 그가 바로 김시습이라고 전해진다.

단종 복위 운동에 연루되어 처형되거나 목숨을 끊은 사람은

70여 명에 이른다. 이들 중 6명을 '사육신'이라고 기리게 된 것은 생육신 가운데 한 명인 남효온이 『추강집』에 자세히 적어 후세에 남겼기 때문이다.

머리는 깎되 수염은 기르다

스님 김시습의 모습은 괴상했다. 머리는 깎았으되, 수염은 기르고 있었다. 김시습은 그 이유를 이렇게 말했다.

"머리를 깎은 것은 세상을 피하기 위함이요, 수염을 기른 것은 대장부의 기상을 나타내기 위함이다."

본래 김시습은 키가 작은 데다 얼굴도 못생긴 편이었다. 머리에 검은 벙거지(보통 하인들이 쓰던 털모자로 장식이 없음.)까지 쓰고 다녔으니, 기인의 행색임이 분명했다.

나라 안을 두루 돌아본 그는 세상물정을 꿰뚫고 있었다. 말로만 듣던 농민의 참상도 눈으로 직접 보았다. 세조 9년, 김시습은 책을 사러 한성으로 올라왔다. 마침 세조가 자기 손에 죽은 사람들의 명복을 빌기 위해 불교 행사를 벌이려는 참이었다. 효령대군(태종 이방원의 차남이자 세종의 친형)의 도움을 받아 『묘법연화경』의 번역 사업을 추진했는데, 많은 스님들이 적임자로 김시습을 추천했다.

김시습은 효령대군의 간청으로 신미, 학조 등 이름난 스님들과 함께 내불당(세종이 경복궁 안에 지은 불당)에 들었다. 그리고 임금의 공덕을 칭송했다. 이때 세조는 김시습을 종친처럼 대우했다. 가을에 햇과일이 들어오면 임금이 궁중과 종친에게 나누어 주는 것이 관례였다. 세조는 김시습에게도 배나 포도 등을 자주 보냈다. 김시습은 이 일을 이렇게 적었다.

"물건은 비록 작은 것이지만, 성의는 크다."

그러나 10여 일쯤 내불당에 있다가 김시습은 다시 금오산으로 돌아왔다. 세조를 칭송한 일은 김시습이 그답지 않게 권력 앞에 절개를 무너뜨린 것이다. 현실 정치에 참여하고자 하는 뜻은 있었으나, 끝내 그러지 못한 것이다.

우리나라 최초의 사랑 소설을 쓰다

경상북도 경주의 금오산에 용장사라는 절이 있었다. 용장사는 폐허가 된 데다 골짜기가 깊어 사람의 발자취가 거의 닿지 않았다. 김시습은 이곳에 토굴을 짓고 매화를 심었다. 이 토굴을 '금오산실'이라고도 하고, '매월당梅月堂'이라고도 불렀다. 김시습의 호가 매월당이 된 이유이다.

그의 나이 서른한 살, 3월 그믐날. 서울에서 심부름꾼이 말 한 필을 끌고 내려왔다.

"효령대군께서 보내서 왔습니다. 성상께서 옛 흥복사를 새로이 세우고 이름을 원각사라 지었습니다. 스님들을 모시고 낙성회(절을 새로 창건하고 그 일을 크게 축하하는 일)를 여는데, 여기에 참석하시라는 분부를 받고 왔습니다."

매월당은 그날로 말을 타고 서울에 올라왔다. 서울에 도착한 그는 임금의 성덕聖德을 칭송하는 시를 지었고, 낙성회 첫날 임금이 일반 사면령을 내리자 이를 찬탄하는 시를 지었다. 효령대군의 부탁으로 '원각사 찬시'를 지어 올렸는데 임금이 이렇게 분부했다.

"이 찬시는 매우 아름답소. 내가 궁으로 들어가 직접 만날 테니, 이 절에 머물도록 하시오."

그러나 김시습은 서울에 머문 지 며칠 만에 길을 떠났다. 경주로 내려가는 길에 임금으로부터 되돌아오라는 명을 받았지만 병을 핑계로 올라가지 않았다.

매월당은 절간에 얹혀 살면서 얻어먹기도 하고, 관가에 밥을 청하기도 했다. 때로는 여염집(일반 백성들의 집)에서 잠자리를 얻기도 했다. 술에 취해 차가운 달빛 아래서 매화를 바라보기도 하고, 대나무에 스치는 바람 소리를 듣기도 했다. 울분을 토하듯 시를 토해내기도 했다. 그는 시 짓는 버릇이 괴상했는데 서 있는 나무를 깎

아 시를 써 놓고 한동안 읊고 나서, 통곡을 하며 깎아 버렸다. 종이에 시를 써서 한참 바라보다가 물에 던져 버리기도 했다.

김시습은 몸은 병들었으나 금오산실에서 지내는 것이 동가식서가숙東家食西家宿('동쪽 집에서 먹고, 서쪽 집에서 잔다.'는 뜻으로, 여기저기 떠돌아다니는 일)할 때보다 고달프지 않았다. 저술에 몰두할 수 있었기 때문이다. 이때 그가 쓴 소설들을 묶어 『금오신화』라 이름 붙였다. 그는 석실(돌로 쌓아 만든 묘실)에 책을 보관해 두고 이런 말을 남겼다.

"훗날 이 소설을 알아줄 사람이 있을 것이다."

어려서 부모를 여읜 김시습은 대를 이어 보려는 마음으로 마흔일곱 살에 일반인으로 돌아와 안씨의 딸과 혼인했다. 그러나 이듬해 아내가 죽고, 조정에서 폐비 윤씨 사건이 일어나자 다시 강원도 지방으로 방랑길을 떠났다. 김시습은 세상을 떠돌며 이름을 떨쳤지만, 남녀 간의 오붓한 사랑은 나누지 못했다. 그런 이유 탓인지 소설에서는 유교 사회에 철저히 속박된 남녀 관계에서 벗어나 자유 연애를 구가했다. 그리하여 우리나라에서 사랑을 주제로 한 최초의 소설이 되었다.

권신을 조롱하다

김시습은 금오산실에서 6, 7년을 살았다. 이때 세조도 죽고 그 뒤를 이은 예종도 죽고, 성종이 임금이 되었다. 성종은 학문과 법령으로 나라를 다스리겠다며 널리 인재를 구하고 있었다. 김시습은 나라가 새로운 기운을 맞고 있으니 서울로 올라와 벼슬살이를 하라는 친구들의 권유를 받아들였다. 정들었던 금오산을 떠나 수락산에 폭천정사를 지어 옮긴 때는 서른아홉 살의 봄날이었다.

그는 남소문동에 있는 왕가의 종친인 이정은의 집을 거처로 삼았다. 태종의 손자이자, 뒷날 영의정을 지낸 이원익의 할아버지인 이정은은 김시습을 늘 도와주었으며, 선비들과도 잘 어울렸다. 그의 사랑채에는 많은 식객(대갓집에 얹혀살면서 문객 노릇을 하던 사람)들이 들끓었다. 어느 날 김시습이 이정은의 집에 들렀는데, 여느 때와 다름없이 사람들로 북적거렸다. 방 안에 들어서던 그는 오랜 인연이 있었던 송광사의 주지스님 조우를 보았다. 하지만 조우는 세조의 총애를 받고, 연산군의 편에 섰던 간신 노사신과 친분이 있는 자였다. 김시습은 큰소리로 이렇게 말했다.

"조우는 노사신에게 글을 배운 중놈이오. 이 자리에 낄 수 있는 자가 못 되오. 만일 여기에 계속 온다면 내가 가만두지 않겠소."

분을 이기지 못한 조우가 김시습 앞으로 뛰어나오며 외쳤다.

한명회: 조선 전기의 문신이자 외척이다. 계유정난을 일으켜 수양 대군의 즉위에 큰 공을 세웠으며, 김종서 등을 죽이고 공신이 되었다. 한강 남쪽에 '세상 욕심을 잊고 갈매기와 친하게 지내겠다.'는 뜻을 가진 '狎鷗(압구)'라는 이름의 정자를 지었다. 갈매기가 한 마리도 날아오지 않아 '친할 압狎' 대신 '누를 압押'자를 써서 '압구정押鷗亭후'으로 불렸다.

"생원(생원시에 합격한 사람)이 감히 대재상 욕을 해도 되는가? 나를 죽이고 싶거든, 어디 마음대로 해 보시오."

김시습은 조우의 목을 틀어쥐고 때리려는 시늉을 했다. 조우는 사람들이 말리는 틈에 간신히 도망칠 수 있었다.

이런 일도 있었다. 당시의 권신 한명회가 한강 가에 화려한 정자 압구정을 짓고, 강원도 영월의 서강(영월군을 동서로 가르며 흐른다 하여 동쪽을 동강, 서쪽을 서강으로 부른다.) 가에 별장을 두고 이를 찬탄하는 현판들을 걸어 놓았다. 한명회가 압구정을 얼마나 애지중지하는지 보통 사람들은 감히 여기에 오르지도 못했다. 그러던 어느 날 김시습이 서강에 갔다가 우연히 별장의 현판을 보았다. 거기에는 이런 시가 적혀 있었다.

"청춘에는 사직을 붙들고靑春扶社稷
늙어서는 강호에 누웠네白首臥江湖."

그러자 김시습은 이것을 다음과 같이 고쳐 놓았다.

"청춘에는 사직을 위태롭게 했고靑春危社稷

늙어서는 강호를 더럽혔네白首汚江湖."

부扶를 위危로, 와臥를 오汚로 바꾸어 놓으니, 영락없이 맞아 떨어졌다. 이를 본 사람들이 정말 그럴듯하다고 수군거리자, 한명회는 현판을 없애 버렸다.

재산을 찾기 위해 입에 거품 물고 싸우다

언젠가 김시습은 종들과 가옥, 전답을 모두 빼앗긴 적이 있다. 한동안 잠자코 있다가 어느 날 상대방을 찾아가 재산을 돌려 달라고 요구했다. 요구를 거절하자 김시습은 그 사람을 한성부(지금의 서울을 다스리던 관청)에 고소했다. 두 사람은 대질심문을 받기 위해 불려가야 했다. 당시 양반들은 송사가 있을 때 아랫사람을 대신 보내는 게 관례였다. 그러나 김시습은 직접 대질에 임하여 입에 거품을 물고 싸웠다. 본래 그의 재산을 빼앗긴 터라 김시습이 승소할 것은 당연했지만, 자기 재산임을 입증하는 과정에서 보여 준 모습은 천박해 보일 정도였다. 마침내 송사에 이긴 김시습은 관아의 문 밖으로 나오더니, 하늘을 보고 크게 웃으며 말했다.

"아하하, 이 세상에 네 것 내 것이 어디 있는가?"

그러더니 관아에서 받은 문서를 갈가리 찢어 개천에 던져 버리고 돌아갔다.

김시습은 마흔 살이 훨씬 넘어서까지 한양 거리를 휩쓸고 다녔다. 술에 취해 어느 것에도 구애받지 않았고, 거리를 지나다가 색다른 것을 발견하면 한없이 바라보곤 했다. 넋놓고 거리 구경을 하다가 소변이 마려우면 사람이 있거나 없거나 혹은 큰 거리거나 아니거나 신경 쓰지 않고 볼일을 보았다. 옷은 너덜거리고 패랭이(갓)는 찌그러지고 새끼띠를 두르고 거리를 누비고 다니니, 아이들의 눈에는 영락없는 거지였다. 아이들은 그를 졸졸 따라다니며 "늙은 거지야!" 하고 놀려 댔다. 돌멩이나 깨진 기와조각, 막대기를 집어던지기도 했다.

김시습은 도통 예의를 차리지 않았다. 그러나 정의롭지 못한 일이나 남의 허물을 보면 참지 못했고, 자기 일로 남에게 부탁한 적이 없었다. 그러다 보니 벼슬살이를 구하는 것은 물론 집안에 양식이 떨어져도 빌려올 줄을 몰랐다.

충남 무량사에 머물 때 그는 무슨 마음이 들었는지 붓을 잡고 자화상을 그리기 시작했다. 그림을 완성하고는 그 위에 이런 글귀를 써 넣었다.

"너의 모양은 조그마하고, 너의 말은 크게 분별이 없구나. 너는 구덩이 속에 처박아 두어야 마땅하다."

인생을 마감하면서 남긴 자기반성의 글귀가 아닌가 싶다. 그리고 세상을 떠나기 얼마 전, 자신의 삶에 대해 회고하는 듯한 시를 남겼다.

나 죽은 뒤 내 무덤에 표할 적에百歲標余壙

꿈꾸다 죽은 늙은이라 써 준다면當書夢死老

나의 마음을 잘 이해했다 할 것이니庶幾得我心

품은 뜻을 천년 뒤에 알아주리千載知懷抱.

김시습 '나의 삶我生' 중에서

쉰여덟 되던 해에 김시습은 이런 유언을 남기고 생을 마감했다. "내가 죽거든 화장하지 말고, 임시로 관을 절 옆에 두어라."

그의 유언에 따라 제자들은 관을 절 옆에 모셔 두었다. 3년 후에 장사를 지내려고 관 뚜껑을 열어 보니, 시신의 얼굴색이 살아 있는 사람 같았다. 여러 스님들이 놀라 말하기를 "성불(깨달음에 이르러 부처가 되는 일)하셨다."라고 했다. 불교의식에 따라 다비(시신을 불에 태우는 일)를 하자 사리가 나왔고, 무량사에 부도(사리나 유골을 안치하는 묘탑)를 만들어 안치했다. 김시습이 죽은 지 89년 후, 선조는 그의 충절을 기려 생육신으로 떠받들게했다. 정조는 이조판서를 증직했고, 곳곳에 그를 기리는 서원과 사당이 세워졌다.

김시습

    조선 초기의 성리학자이자 문학가인 김시습(1435년~1493년)은 처음에는 성리학적 세계관의 확립에 힘을 기울였다. 그러나 수양대군이 조카의 왕위를 빼앗고 집현전 학자들을 탄압하자, 유가적 명분이 무너졌음을 깨닫고 승려가 되어 전국을 방랑했다.

    김시습은 당시의 사상적 혼란을 바로잡기 위해 유·불·도 삼교三敎를 화합하여 하나로 일치시키려 했다. 가령 불교적 미신은 배척하면서도, 불교에서 강조하는 자비에 대해서는 '만물을 이롭게 하고, 마음을 밝혀 탐욕을 없애 주는 것'으로 생각했다. 비합리적인 도교의 신선술은 부정하면서도, 기氣를 다스리는 일은 천명天命을 따르게 하는 데 가치가 있다고 보았다. 다시 말하면, 기를 강조하는 성리학의 입장에서 불교와 도교를 흡수하여 나름의 철학을 완성시키려 한 것이다.

    김시습은 현실과 이상 사이의 갈등 속에서 어느 곳에도 안주하지 못한 채 기구한 일생을 보냈다. 그의 사상과 문학은 이러한 고민에서 우러나온 것이라 할 수 있다. 전국을 두루 돌아다니면서 얻은 생활 속 경험은 현실을 직시하는 비판력을 갖추도록 해 주었고, 불의한 지도자들에 대한 비판과 맞닿으면서 백성을 중시하는 왕도정치의 이념으로 나아갔다. 또, 군주가 백성을 사랑하여 부도덕한 정치를 없애는 것은 부처의 자비 정신에도 부합한다고 보았다.

그러나 김시습이 지향했던 근본 목표는 어디까지나 유가적 혹은 주자학적 민본주의를 실현하여 주자학적인 명분을 회복하고, 백성들의 삶을 안정시키는 것이었다. 그는 오히려 봉건 윤리를 철저히 세움으로써 당시의 사회적, 사상적인 문제를 해결하려고 했던 것이다. 이와 같은 맥락에서 그의 기氣철학은 불교의 윤회설, 영혼불멸설, 극락지옥설, 무속신앙 등의 미신을 타파하고 성리학(유교)적인 세계관을 확립하는 과정이었다고 말할 수 있다.

이황

李滉

조선 최고의
철학적 논쟁을 벌이다

이황은 지금의 경상도 안동에서 태어났다. 증조부 이정이 선산 부사(정3품 문관 정도의 벼슬)를 지냈고, 할아버지 이양과 아버지 이식이 진사였다. 고관대작을 지낸 명문은 아니지만 양반 집안이었다. 하지만 아버지가 청렴하여 재물을 모으지 않아 가정 형편이 넉넉하지 않았다.

아버지는 첫째 부인이 3남 1녀를 남긴 채 세상을 떠나자, 재혼하여 4형제를 얻었는데 막내 이황이 태어난 지 7개월 후에 세상을 떠났다. 이황의 아버지는 살아생전에 책을 가까이할 것을 자식들에게 당부했다.

"나는 밥 먹을 때에도 책이요, 잠잘 때에도 책이요, 앉으면 같이 앉고 가면 같이 가서 어느 때나 책을 품에서 뗀 적이 없다. 너희들도 이와 같이 하거라! 부질없이 허송세월을 보낸다면, 어찌 너희들의 소망이 이루어질 수 있겠느냐?"

이황의 집에 있는 많은 장서는 아버지에게 물려받은 것이었다. 장서는 아버지가 첫째 부인의 어머니에게서 받았는데, 장모는 남편이 죽자 이황의 아버지에게 그 책들을 주었다.

　"모름지기 서책이란 글을 좋아하는 선비의 집으로 보내야 하네. 글을 좋아하지 않는 사람이 사사로이 가지고 있을 것이 아닐세."

잘될 나무는 떡잎부터 다르다

이황: 18년 동안 50회의 사직서를 제출하며, 벼슬보다는 학문 연구에 힘썼다.

　아버지가 마흔 살의 나이에 세상을 떠나자 어머니 박 씨는 홀로 어린 자식들을 보살펴야 했다. 농사와 길쌈 등으로 대가족을 부양하는 어머니를 보면서 이황은 '절대로 실망시키지 말아야지.'라고 다짐했다. 오히려 학문에 너무 열중한다고 어머니의 나무람을 들을 정도였다.

　"황아, 네가 잠자고 먹는 일까지 멀리하면서 글을 읽는 것은 이 어미가 바라는 바가 아니다."

　"어머니, 공부가 너무 재미있어서 그만 식사 때를 놓친 것입니다."

　"네가 병을 얻은 마당에 책을 놓지 않으니, 어미 걱정이 이만저만이 아니다."

　"어머니 말씀 명심하겠습니다."

　"지금도 보거라. 벌써 밤이 깊지 않았느냐? 이제 그만 잠자리에

매화등(왼쪽)과 서기(오른쪽): 이황이 사용하던 것으로 서기는 왼쪽 팔꿈치가 닿는 곳이 유난히 닳았다. 도산서원에 소장되어 있다.

들거라.”

"어머니, 한 장 남았는데 이것만 보고 자리에 들겠습니다.”

"안 된다는데도 그러는구나. 학문도 좋지만 네 몸 건강한 것이 우선이다. 황아, 이 어미의 부탁이다.”

"예, 어머니 말씀대로 하겠습니다.”

이황은 여섯 살 때부터 이웃집에 사는 한 노인에게서 천자문을 배웠다. 그는 아침 일찍 일어나 얼굴을 씻고 머리를 단정하게 빗고 나서 문 밖에 서서 전날 배운 것을 외워 본 다음에 들어가 공부했다고 한다. 열두 살 때에는 숙부인 이우로부터 『논어』를 배웠다.

이때부터 이황은 사람들이 주변에서 소란을 피워도 벽을 바라보고 앉아 책을 읽거나 사색에 잠겼다. 학문에 몰두할 적에는 천둥이 치는지 벼락이 치는지, 마당에 널어놓은 나락이 떠내려 가는지도 몰랐다.

이황의 공부 방법은 반복 학습이었다. 책 한 권을 수없이 되풀이하여 읽어 책이 너덜너덜해질 정도였다. 특히 『주역』을 손에서 놓지 않았다. 책이 닳아 글자가 희미해질 정도로 읽고 또 읽었다.

하루는 이황이 이우에게 질문했다.

"모든 일에 있어 옳은 것이 이理입니까?"

"어찌 이理에 대해서 묻는 것이냐?"

이우가 되물었다.

"기氣와 이, 무엇이 먼저입니까?"

이황은 이기론理氣論에 대해 물어본 것이었다.

"네가 벌써 글의 뜻을 알았구나."

이우는 크게 기뻐하며 이렇게 말했다.

"형님에게는 이 아이들이 있으니, 죽은 것이 아니구려."

열아홉 살에는 중국 명나라 때 호광 등이 편찬한 성리설과 이기설을 수록한 『성리대전(70권)』의 일부를 읽었으며, 이듬해에는 『주역』을 읽었다. 잠자고 밥 먹는 일조차 잊어 가며 독서와 사색에 매진한 그는 소화불량증을 얻어 오랫동안 고생했다. 특히 고기만 먹

이우: 조선 중기의 문신. '중종반정'에 가담하여 협력한 공로로 정국공신 4등에 봉해지고, 우부승지로 승진했다. 강원도관찰사, 영해·김해 부사에 제수되었으나 부임하지 않았다. 문장과 시에 능했다.

으면 체해서 야채를 즐겨 먹었다.

이황은 밤낮을 가리지 않고 끊임없이 독서에 열중했다. 종일 꼿 꼿이 앉아 책을 읽었고, 머리가 아프면 꽃들을 바라보면서 시를 지 었다. 또 의문점에 대한 해답을 얻기 위해 오랫동안 사색에 잠기기 도 했다. 이런 이황을 사람들은 파리한 샌님(얌전하고 고루하여 융통성이 없는 사람)이나 아주 근엄한 스승쯤으로 오해하기도 한다. 그가 규칙 적인 생활을 했다든지, 술을 지나치게 마시지 않았다든지, 놀이에 깊이 빠지지 않았다는 이야기는 사실이다. 그러나 그의 생활은 단 조롭지도 않았고, 본능을 지나치게 억제하지도 않았다.

벼슬보다는 학문 연구에 뜻을 두다

스물세 살 때에는 한양으로 가서 성균관에 들어갔다. 『주역』을 독파한 이황의 학문은 또래들을 압도했다. 그러나 유생들은 성리학 을 공부하는 그를 비웃었다. 이 무렵 기묘사화(남곤, 심정, 홍경주, 중종이 조광조 등을 몰아내어 죽이거나 귀양 보낸 사건)의 피바람 속에 조광조가 사형 을 당했는데, 그 일로 성리학을 기피하고 문학만 숭상하는 가벼운 풍조가 유행했기 때문이다. 그러나 퇴계는 꿋꿋이 자신의 학문을 이어갔다.

스물네 살에 과거 시험에 응시했으나 세 차례나 연거푸 낙방했다. 그 후 노력에 노력을 거듭한 끝에 3년 후에 진사시에 수석 합격했고, 생원시에 차석으로 합격했다. 그러나 그해에 둘째 아들을 낳은 부인 허씨가 병으로 죽자 큰 슬픔에 잠겼다.

책을 읽는 것으로 슬픔을 극복한 이황은 서른 살에 권질의 딸을 두 번째 부인으로 맞이했다. 그는 늘 공부에만 전념하고 과거 시험은 신경 쓰지 않았다. 그러나 과거 시험에 응하라는 가족들의 청에 못 이겨 4년 후에 응시하여 대과에 급제했다.

승문원 권지부정자(종2품)에 임명된 이황은 고향에서 올라와 한양에서 살고 있었는데, 관리 생활은 순탄치 못했다. 당시 세도가였던 김안로는 같은 고향 사람이었다. 김안로의 땅이 이황의 전 아내 허씨의 고향인 영천군에 있었다. 이를 핑계삼아 김안로가 이황을 불렀는데 찾아가지 않자 김안로의 미움을 사게 된 것이었다. 그 대가는 매우 컸다.

"이황은 반역자 권전의 형인 권질의 사위인데, 권질은 지금도 죄인의 몸이니 이황을 물러나게 하소서."

이황은 사헌부 간신들의 탄핵을 받고 벼슬에서 물러나야 했다. 그 후에 여러 관직을 발령받았지만 건강을 이유로

김안로: 기묘사화 때 조광조 등과 함께 유배되었다가 대사헌을 거쳐 이조판서로 승진했다. 권력을 남용하여 유배되기도 했다. 중종의 계비인 문정왕후를 폐하려 하다가 실패하여 사형당했다.

권전: 조선 중기의 문신으로 이조좌랑을 거쳐 수찬으로 재직하던 중 기묘사화로 파직당했다. 심정, 남곤 등의 제거를 모의한 사실이 발각되어 곤장 170대를 맞고 죽었다.

권질: 조선 중기의 문신으로, 이황의 장인이다. 연산군의 실정을 폭로한 언문투서 사건이 일어나 심문을 당한 뒤 거제도로 유배되었다가 풀려났다.

도산서원 : 퇴계 이황이 세상을 떠난 후, 제자들이 건립했다. 퇴계가 제자들을 가르쳤던 '도산서당' 영역과 퇴계 사후에 스승의 학문과 덕행을 기리기 위해 지은 '도산서원' 영역으로 나뉜다.

사양했다. 그는 일찍부터 학문 연구에 뜻을 두었으나 집이 워낙 가난한 데다 어머니와 형의 권고가 있어 과거에 응시했던 것이다. 훗날에 그는 관직에 나간 것을 후회하기도 했다. 그는 속세를 떠나 독서를 즐기며 성현의 도道를 찾고 싶은 심정을 토로하곤 했다.

이황은 마흔여섯 살 되던 해(1546년)에 두 번째 부인 권씨마저 잃었다. 이번에는 고향으로 내려가 양진암養眞菴을 지어 학문에 전념했다. 이때 스스로 호를 퇴계退溪 라 지었다. 수차례 조정으로부터 여러 관직을 임명받았으나 사양했고, 그 대신에 단양 군수 자리를 희망했다. 그러나 부임한 지 9개월 만에 풍기 군수로 다시 발령을 받았다. 단양군이 감사(관찰사)가 된 형의 관할로 들어갔기 때문이다.

이황은 사설 교육기관인 백록동 서원에 사액(임금이 사당, 서원 등에 이름을 지어주는 일)해 줄 것을 청하여 허락을 받았는데, 이것이 사액서원의 효시가 되었다. 마흔아홉 살 되던 해에는 병을 이유로 경상도 감사에게 사직원을 냈다. 3개월 동안 세 번이나 올려도 회답이 없자 행장을 꾸려 고향으로 돌아와 버렸다. 다음 해에 허락 없이 직책을 버렸다는 이유로 감사가 2계급 강등 처분을 내렸지만 이황은 개의치 않았다. 1550년에는 3칸 규모의 집을 지어 한서암寒栖菴이라 이름짓고 은둔 생활을 시작했다. 이때부터 독서와 사색으로 나날을 보내었다.

말년의 관직 생활은 '문서상의 임명과 사퇴'만 반복되었다. 52세부터 70세까지 18년 동안 50회의 사직서를 제출했고, 특히 정3품 이상의 벼슬은 실제로 받아들인 적이 한 번도 없었다. 어머니가 살아 생전에 중앙의 고관 벼슬을 맡지 말라고 당부한 것이 이유라는 이야기가 전해진다. 이황은 학자로서 최고 영예인 양관대제학을 제수받았으나, 나이가

퇴계: 이황은 1546년(명종 1년)에 낙향하여 낙동강 상류 토계에 양진암을 짓고, 토계를 퇴계로 바꾸어 자신의 호로 삼았다. 하지만 이와 다른 이야기도 전해진다. 이황이 서당에서 아이들을 가르치는데, 그 가운데 유독 뛰어난 아이가 하나 있었다. 비가 내린 후의 어느 날, 아이들의 책 읽는 소리가 시냇물 소리 때문에 잘 들리지 않았다. 그 아이가 갑자기 스승에게 "시냇물 소리에 글 읽는 소리가 잘 들리지 않지요?" 하는 것이었다. 그 후 며칠 동안 큰 비가 계속 내려, 이제까지 서당 옆으로 지나던 물길이 멀리 지나서 돌아가게 되었다. 글 읽는 소리는 잘 들렸는데 며칠이 지나도록 그 아이는 나타나지 않았다. 아이들이 걱정되어 스승에게 묻자, "그 아이는 본래 용의 아들이었는데, 잠깐 동안 나에게 글을 배우러 왔다."라고 대답했다고 한다. 이때부터 이황의 호가 퇴계가 되었다는 이야기이다. 퇴退자는 '물러나다, 돌아가다.'라는 뜻이고, 계溪자는 '시내, 시냇물'이라는 뜻이다.

양관대제학: 예문, 홍문의 양관을 통합하여 한 사람이 겸임하는 으뜸 벼슬. 유림 전체를 통할하고, 모든 유림들이 이 자리에 있는 사람을 본받도록 하였기 때문에, 학문과 도덕이 뛰어나고 가문에도 하자가 없는 석학만 오를 수 있었다. 본인이 사임하지 않는 한 종신직이었다.

일흔에 가까워 선조의 간절한 권유를 뿌리치고 귀향했다. 고향으로 돌아가기 위해 그가 뚝섬에서 배를 기다리고 있을 때 수백 명의 후배와 제자들이 몰려나와 눈물을 흘렸다.

고향으로 돌아온 이황은 도산서당을 세우고 후학 지도에 열중했다. 이때 김성일˙, 유성룡˙ 등 많은 선비들이 찾아와 글을 배웠다. 김성일은 형조참의를 거쳐 경상우도병마절도사로 재직하던 중, 임진왜란이 일어나 일본군과 싸우다가 사망했다. 유성룡은 훗날 영의정을 지냈는데, 임진왜란이 일어났을 때는 도체찰사(전시의 최고 군직)가 되어 7년간 전쟁을 총지휘하고, 나중에 하회마을로 돌아와 후학들을 가르쳤다.

사단칠정 논쟁으로
성리학의 독특한 발전을 가져오다

1559년부터 1566년까지 이황과 고봉 기대승˙ 사이에 '사단칠정˙ 논쟁'이 있었다. 사단칠정 논쟁은 인간의 본성에 대한 논쟁이다.

이황은 "사단이란 사물의 이理에 해당하는 마음의 본연지성本然之性에서 일어나는 것이고, 칠정七情이란 사물의 기氣에 해당하는 마음의 기질지성氣質之性에서 생기는 것"이라 여겼다. 그러나 기대승이 "사단 역시 기에 의해 일어날 수밖에 없다."라고 주장함으로써, 두 사람 사이에 8년간의 논쟁이 시작되었다. 이 논쟁을 통하여 이황은 "사단은 이理가 일어나 기氣가 그것을 탄 것이요, 칠정은 기氣가 일어나 이理가 그것을 탄 것이다."라며 입장을 정리한다.

이 논쟁은 당시의 침체된 학문 풍토에 참신한 기풍을 불러일으켜, 우리나라 성리학의 독특한 발전을 가져왔다. 당시 이황은 성균관의 으뜸 벼슬인 정3품의 당상관직 대사성까지 지낸 59세의 노대가였고, 기대승은 겨우 과거에 급제한 33세의 젊은 학자였다. 그럼에도 불구하고 이황은 기대승의 이론을 신중히 검토하면서 자신의 잘못을 발견할 때마다 고쳐 나갔다.

한편, 이황은 임금에게 『성학십도』를 지어 올렸다. 『성학십도』는 일생을 두고 심혈을 기울여 만든 것으로, 선조는 이것을 열 폭의 병풍으로 만들어 곁에 두고 보았다.

기대승 : 조선 중기의 문신·학자. 1558년 문과에 응시하기 위해 서울로 가던 중 김인후, 이항 등과 만나 태극설을 논했고, 정지운의 『천명도설』을 얻어 보고 이황을 찾아가 의견을 나누었다. 그 뒤 이황과 12년에 걸쳐 편지를 교환했고, 그 가운데 1559년에서 1566년까지 8년 동안에 이루어진 '사단칠정 논쟁'은 유학의 역사상 지대한 영향을 끼친 논쟁으로 평가받고 있다.

사단칠정 : 사단은 인仁, 의義, 예禮, 지智의 단서가 되는 네 가지 마음으로 측은하게 여기는 마음, 부끄러워하는 마음, 사양하는 마음, 시비를 가리는 마음을 말한다. 칠정은 사람의 일곱 가지 감정으로 기쁨喜, 노여움怒, 슬픔哀, 즐거움樂, 사랑愛, 미움惡, 욕심慾을 일컫는다.

『성학십도』: 성리학의 핵심 내용을 그림 열 장으로 정리한 것이다. 68세의 노학자 이황은 17세이 어린 나이로 즉위한 선조에게, 군왕으로서 알아야 할 학문의 핵심을 그림으로 정리하여 올렸다. 사진은 소수서원에 있는 성학십도의 목판화이다.

 ## 투호로 집중력을 기르다

정지운: 『천명도설』을 짓고 나서 이황으로부터 교정을 받았는데, 이것이 뒷날 사단칠정 논쟁의 발단이 되었다.

김인후: 홍문관 박사 겸 세자시강원 교수. 세자였던 인종을 가르쳤다. 을사사화가 일어나자 고향으로 돌아가 성리학 연구와 후학 양성에만 힘썼다.

이황은 제자 대하기를 마치 벗을 대하듯 했다. 어린 제자라도 함부로 이름을 부르거나 '너'라 하지 않았고, 보내고 맞을 때에는 항상 공손히 대했다. 언제나 제자들의 아버지나 형제의 안부를 물었고, 제자들이 먼 길을 떠날 때에는 술을 대접하여 보냈다. 이황은 젊어서 술을 많이 마셨으나, 과음하여 말에서 떨어진 뒤로는 두 잔 이상 마시지 않았다. 문인들에게도 그의 벗인 정지운과 김인후가 술로 건강을 해쳐 일찍 죽었다고 한탄하며, 과음하지 말라고 타일렀다.

　이황은 평생에 걸쳐 두 가지를 실천했다. 그 하나는 자신의 건
강을 위해 매일 아침 화장실에서 치아를 딱딱 마주치는 일이었다.
화장실에서 일을 볼 때 아랫니, 윗니를 힘껏 부딪쳐서 턱에 힘주기
를 적어도 50번 이상 반복했다. 이 운동은 이를 튼튼하게 해주고
괄약근 운동도 되어 전신 운동이 되었다.

　또 하나는 투호를 하는 것이었다. 그 자신도 열심히 했고, 제자
들에게도 적극 권유했다. 투호는 일정한 거리에 항아리를 두고 화
살을 던져 집어넣는 놀이인데, 온몸의 균형을 잡고 거리를 정확히

측정해야 적중률이 높다. 몸이 흐트러지면 결코 맞힐 수가 없다. 또 투호는 정신력을 집중해야 명중시킬 수 있다. 퇴계는 투호를 하면서 첫째는 몸의 건강, 둘째는 정신 집중의 효과를 거두었다. 이런 점 때문에 이황은 글을 배우러 오는 사람에게 먼저 투호를 해보도록 시켰다. 그 솜씨를 보고 건강을 짐작하고, 학문을 할 수 있는 집중력이 있는지를 가늠했던 것이다.

일어나 앉은 채로 숨을 거두다

1570년 11월 9일, 이황은 종갓집 제사에 참석했다가 감기에 걸린 것이 악화되어 몸져누웠다. 12월 3일에는 제자를 시켜 남에게 빌려 온 책을 돌려보내고, 4일에는 형의 아들 영에게 유서를 받아쓰게 했다. 유서에는 나라에서 하사하는 예장은 사양할 것이며, 비석도 세우지 말고 자그마한 돌에 '퇴도만은진성이공의 묘退陶晚隱眞城李公之墓'라고 쓰도록 했다. 일설에는 죽은 사람의 관직과 이름을 적어 영전 앞에 세워 놓는 깃발에 '처사이공지구處士李公之柩'라고 쓰라고 했다고 한다. 자신이 청렴하다는 뜻을 이 말에 담아 남기기 위함이었는데, 훗날 지리산 밑에 사는 남명 조식은 이렇게 말했다.

"할 벼슬을 다하고 나서 처사(초야에 묻혀 사는 유교 선비)라니…….

화폐 속 이황: 우리나라 천 원권 신형 지폐(2007년 1월) 앞면의 초상화 인물은 퇴계 이황이다. 초상화 왼쪽의 꽃은 이황이 살아생전 좋아했던 매화이며, 그 아래의 건물은 성균관 명륜당이다. 뒷면은 겸재 정선의 〈계상정거도〉로 이황이 학문을 연구한 도산서원의 그림이다.

진짜 처사는 나지."

이황은 5일에 관을 짜라 명하였고, 8일 아침에는 평소 아끼던 매화 화분에 물을 주게 하였고, 저녁 5시경에 부축을 받아 일어나 앉은 채로 숨을 거두었다.

이황

조선 선조 때의 유학자 이황(1510년~1570년)은 중국 정주학에 기초한 자신의 독창적인 철학 체계를 세움으로써 조선의 통치 이념을 완성했다. 그의 주리론主理論에 따르면, 이理야말로 천지 만물을 생성하고 또 주재하는 본원이다.

그의 이일원론은 사회, 윤리관에도 그대로 적용된다. 예컨대 "군주와 신하가 있기 이전에 이미 군신의 이치가 있었다."는 식으로, 봉건적 윤리 규범을 거부할 수 없는 하늘의 법칙으로 만들었다. 이것은 봉건적인 중앙집권제에 이론적 근거를 제시한 것이다.

이황의 학문을 따른 자로는 유성룡, 김성일, 기대승 등을 비롯한 260여 명에 이르렀고, 이익(조선 후기의 실학자), 이항로(조선 말기의 성리학자), 기정진(조선 후기의 성리학자) 등을 잇는 영남학파 및 친영남학파를 포괄한 주리파主理派 철학을 형성하게 하였다. 이익은 이황에게 성인의 칭호를 붙였고, 정약용은 그에 대한 흠모의 정을 말하기도 했다. 이황이 세상을 떠난 지 4년 만에 고향 사람들이 도산서당 뒤에 서원을 짓기 시작해 이듬해 낙성하여 도산서원의 사액을 받았다.

우리나라뿐 아니라 이황은 도쿠가와 이에야스(일본 에도막부의 초대 쇼군. 무신정권의 수장) 이래로 일본 유학의 기몬학파 및 구마모토학파에게 결정적인 영향을 끼쳐 왔으며, 개화기 중국의 정신적 지도자에게서도 크게 존경을 받았다. 1926년 중국의 북경 상덕여자대학에서는 대학의 증축, 확장 기금에 충당하기 위해 『성학십도』를 목판으로 다시 제작하여 병풍을 만들어 널리 반포했다. 이때 중국 개화기의 대표적인 사상가 량치차오는 찬시를 써 "아득하셔라! 이부자李夫子 님이시여."라며, 이황을 성인이라 불렀다.

1970년 서울에 퇴계학연구원이 창립되었고, 비슷한 시기에 일본 도쿄에 '이퇴계연구회'가 설립되었다. 타이완에도 국립사범대학 안에 '퇴계학연구회'가 부설되었고, 근래에는 미국의 워싱턴, 뉴욕, 하와이에 '이퇴계연구회'가 조직되었으며, 독일 함부르크 및 본에 '퇴계학연구회'가 생겼다. 또한, 국제퇴계학회가 창설되어 1976년 이래로 거의 해마다 한국, 일본, 대만, 미국, 독일, 홍콩 등지에서 국제학술회의를 개최하여, 세계 각국의 석학들이 만나 주제 논문을 발표하며 진지한 토론을 거듭해 오고 있다.

정약용

丁若鏞

통치자는 백성을 위해
존재한다

실학의 4대가(박세가, 이덕무, 유득공, 이서구)로 불리는 이서구가 영평(경기도 포천)에서 대궐로 가다가 한 소년을 만났다. 소년은 당나귀에 서책을 가득 싣고, 북한사로 올라가고 있었다. 10여 일 후에 고향으로 돌아가던 이서구는 그 소년을 다시 만났다. 여전히 당나귀에 서책을 가득 싣고 절에서 내려오는 참이었다. 이서구가 궁금증이 일어 물었다.

"너는 무엇을 하는 녀석이기에 글은 읽지 않고 돌아다니기만 하느냐?"

"책을 읽고 내려오는 길입니다."

소년이 공손하게 대답했다.

"당나귀에 실은 책이 무슨 책이냐?"

"『강목(중국 역사를 다룬 방대한 책)』입니다."

"『강목』을 어찌 열흘 만에 다 읽을 수 있다는 말이냐?"

"읽은 것이 아니라 외웠습니다."

깜짝 놀란 이서구는 책 가운데 여기저기를 뽑아 시험해 보았다.

놀랍게도 소년은 책을 다 외우고 있었다. 이 소년이 바로 정약용이었다.

정약용은 일곱 살 때에 「산」이라는 시를 지었고, 열 살 이전에 지은 시를 모아 시집을 내기도 했다. 어릴 때부터 병약했던 그는 나가서 뛰어노는 것보다 책을 읽으며 보내는 시간이 많았다. 어려서 천연두를 앓기도 했는데 양의로 불리던 몽수 이헌길에게 치료를 받았다. 정약용은 9남매 중 자신을 포함해 6남매가 천연두를 앓아 의학에 관심이 많았다.

정약용: 정조의 총애를 받았지만 붕당 정치 때문에 고난을 겪었다.

붕당 정치의 유래

다산 정약용은 경기도 광주군 초부면 마현리에서 정재원의 둘째 아들로 태어났다. 아버지는 남인파의 양반으로 일찍부터 벼슬길에 올라 진주 목사 등 지방 수령을 지냈다. 어머니 윤씨는 유명한 화가 윤두서(조선 후기의 화가로, 고산 윤선도의 증손자)의 손녀였다.

정약용에 대해 이야기하기에 앞서 조선시대의 붕당(조선 중기 학맥과 정치적 입장에 따라 형성된 집단)에 대해 알아봐야 한다. 선조 초에 글로

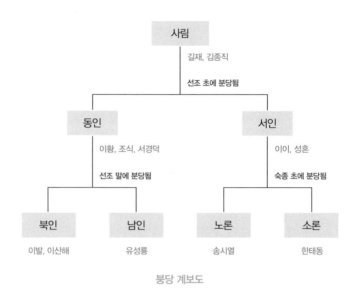

붕당 계보도

이름을 펼쳤던 선비 김효원과 명종의 왕비 인순왕후의 아우로 권세가였던 심의겸 사이에 대립이 있었다. 신진 사류들은 김효원을, 기성 사류들은 심의겸을 지지했는데, 여기에서 동서분당東西分黨이 일어난다. 김효원의 집이 도성 동쪽 낙산 건천동에 있어서 그를 지지하는 일파를 동인東人, 심의겸의 집이 도성 서쪽 정동에 있어서 그를 지지하는 일파를 서인西人이라고 불렀다.

동서로 분당되자, 대사헌으로 있던 율곡 이이는 정쟁政爭을 막기 위해 김효원과 심의겸을 지방 관리로 보내라는 상소를 올렸다.

그래서 김효원은 함경북도로, 심의겸은 개성으로 부임했다. 그러나 김효원에게 불리한 조치라는 동인들의 압력에 심의겸이 파직되었고, 이후 동인이 정권을 잡게 되었다.

1591년 서인의 우두머리였던 정철이 세자 책봉 문제로 벼슬에서 물러나자, 이를 계기로 동인은 서인 세력을 몰아내기 위해 총력을 기울였다. 그런데 정철의 죄를 다스리는 문제로 동인 안에서 다시 의견 대립이 생겼다. 사형을 시키자는 과격파와 귀양을 보내자는 온건파로 나뉘었는데, 전자를 북인, 후자를 남인이라고 불렀다.

남인의 주도 세력이었던 우성전, 유성룡 등이 서울의 남산 부근에 살았고 유성룡이 영남 출신이었기 때문에 남인이라 불렀다. 북인은 주도 세력인 이발이 북악산 자락에 살고, 이산해와 정인홍이 한강 이북에 살았기 때문에 북인이라 불렀다. 남인은 이황의 제자들인 우성전, 유성룡, 김성일 등이 한때 정권을 장악했지만, 1602년 유성룡이 북인 정인홍의 탄핵을 받은 이후에는 정권이 북인에게 넘어갔다.

북인의 지지를 받아 왕위에 오른 광해군 때는 북인이 정권을 주도했다. 그러나 서인의 인조반정(1623년 이귀, 김유 등 서인들이 정변을 일으켜 광해군을 폐위시키고 인조를 왕위에 앉힌 사건)이 성공한 이후에는 서인 주도의 정국으로 전환되었다. 이때 남인은 서인의 정변을 받아들이고 정치에 참여했는데, 서인 세력에 눌려 정치적 영향력이 약했다. 그

기호 지역: 오늘날 서울특별시·인천광역시·경기도와 대전광역시·충청남도·충청북도를 포괄하는 지역을 가리킨다.

장희빈: 조선 19대 왕 숙종의 빈이자 20대 왕 경종의 생모. 남인의 도움으로 왕비로 책봉되었으나 서인이 다시 집권하면서 왕비의 자리에서 쫓겨나 다시 희빈의 작호를 받았다. 그리고 1701년(숙종 27년) 인현왕후를 저주해 죽게 한 혐의를 받아 사약을 받았다.

러다가 효종대 이후 기호 지역 출신들과 북인의 후예인 윤휴 등이 조정에 진출하여 남인으로 통합되면서 정치적 영향력을 강화하기 시작했다.

남인들은 1689년 장희빈 세력을 이용하여 다시 권력을 장악했다. 그러나 5년 후인 1694년 장희빈이 몰락하면서 서인에 의해 정계에서 멀어져 갔다. 영·정조대의 탕평책 아래에서 오광운, 채제공 등을 중심으로 큰 역할을 한 적도 있으나, 서인·노론이 주도하는 정치 판도를 뒤집지는 못했다. 정조가 죽은 뒤에는 중앙 정계에서 완전히 쫓겨났다. 실각한 남인들은 17세기 이후 고향에서 학문과 교육에 전념하면서 유형원, 이익, 정약용 같은 실학자들을 배출했다.

정조의 절대적인 총애를 받다

다산 정약용이 태어나던 해에 사도세자(영조의 둘째 아들이자 정조의 아버지. 영조의 노여움을 사 뒤주 속에서 죽음.)의 참변이 있었다. 이때 세자를 동정하는 시파('정조의 정책에 편승하는 부류'라는 의미로, 반대파인 벽파가 사용한 용어. 남인 세력이 다수)와 이를 공격하는 벽파의 대립이 심화되었다. 다산의 아버지는 세자를 불쌍히 여겨, 고향으로 돌아가 농사나 지으려고 귀향했다. 그래서 다산의 이름을 귀농이라고 지었다.

아버지의 가르침으로 정약용의 학문은 열세 살 때 이미 사서삼경을 비롯한 제자백가의 책들을 읽을 정도였다. 열네 살 되던 해에 무승지 홍화보의 딸과 결혼한 후에 이름을 약용이라 고쳤다. 얼마 후 아버지가 호조 좌랑으로 재임명되자, 아버지를 따라 한양으로 올라왔다. 이때부터 남인(이 무렵 영수는 채제공)의 명사들과 가까이 지내며, 이가환, 이승훈 등을 통해 실학의 대가인 이익이 살아생전에 남긴 글을 읽고 실학에 심취한다. 그리고 이익의 제자인 채제공, 권철신 등을 만나고 박지원 등과 교류하면서 큰 영향을 받았다.

스물한 살에는 회시에 합격하여 성균관의 학생이 되었다. 그 이듬해 공자의 손자인 자사가 쓴 『중용』에 관해 쓴 논문이 정조의 눈에 들어 크게 칭찬을 받았고, 임금에게 『중용』을 강의하기에 이르렀다. 이때 자신이 잘 알지 못하는 것은 큰형의 처남인 이벽을 찾아가 물어보는 등 온 열정을 쏟았다. 그 후 정조로부터 크게 인정을 받았고, 영의정이었던 채제공 역시 정약용을 남인 시파의 주도적 인물로 인정했다. 그래서 남인 사이에서도 시기와 질투를 받았다.

다산은 이벽과 친하게 지내면서 서양 문물을 접하고 새로운 과학 지식을 받아들였으며 천주교를 믿게 되었다. 그러나 얼마 지나지 않아 천주교 교리의 허망함을 깨닫고 신앙을 버리는데 스물여덟

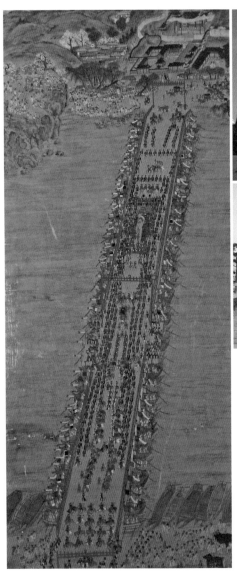

배다리(왼쪽): 배를 일정한 간격으로 늘어놓고, 그 위에 널빤지를 깔아서 만든 다리. 정조가 수원 화성에 갈 때 노량진에서 한강을 건너야 했는데, 왕은 배를 타고 물을 건너지 않는다고 하여 그때마다 배다리를 설치했다.

수원 화성(위): 정조가 아버지 사도세자의 능을 양주 배봉산에서 조선 최대의 명당인 수원 화산으로 옮기고, 화산 부근에 있던 고을의 관아를 수원 팔달산 아래로 옮겨서 축성되었다.

거중기(아래): 여러 개의 고정 도르래와 움직 도르래를 이용해 무거운 돌을 들어 올릴 수 있게 만든 장치. 좌우 양쪽에서 줄을 당기면, 돌이 위로 들어 올려진다. 중국에서 들여온 『기기도설』이란 책을 참고하여 개발했다.

살 되던 해에 서학에 가담했다는 이유로 벽파의 공격을 받았다. 그들의 거센 항의에 정조는 할 수 없이 다산을 충청도 해미로 유배 보냈다. 그러나 열흘 만에 유배를 풀어 주고 정5품인 사헌부 지평持平에 임명했다.

정조는 원통하게 죽은 아버지 사도세자를 찾아 1년에 몇 번씩 수원 능행길에 올랐다. 이때 한강에는 배다리가 놓였는데 정조는 다산에게 그 설치를 맡겼다. 사도세자를 기리기 위해 수원 화성을 쌓는 일 또한 그에게 맡겼다. 다산은 일꾼들이 무거운 돌을 힘겹게 지고 올리는 것을 보고, 기구 발명에 몰두했다. 또 기하학적 방법으로 성의 거리, 높이 따위를 측량하여 가장 튼튼하고 단단한 성을 쌓을 방법을 연구했다. 그는 마침내 거중기와 활차(도르래. 우물에서 물을 퍼 올리는 두레박이나 기중기처럼 작은 힘으로 무거운 물체를 끌어올리는 경우에 많이 이용했다.), 고륜차(바퀴가 하나 달린 달구지) 등을 발명하여 성의 축조에 이용했다. 정조는 성을 둘러보고 크게 감탄했다.

"거중기를 써서 돈 4만 냥을 절약했구나!"

이때부터 정약용에 대한 정조의 신임은 요지부동이었다.

정약용이 서른두 살 되던 해인 1794년에는 경기도 관찰사(도지사) 서용보(대사헌, 우의정, 좌의정, 영의정 등을 지냈음.)가 농민을 수탈하고 횡포가 심하다는 소문이 조정에까지 들려왔다. 정조는 정약용을 경기도 암행어사 로 임명하여 진위 여부를 파악하게 했다. 조사를 마치고 돌아온 정약용은 서용보의 죄상을 그대로 보고했고, 그 후 서용보는 두고두고 정약용을 미워했다.

정약용이 황해도의 곡산 도호 부사로 좌천된 적이 있는데, 당시 그곳은 민란이 일어날 조짐이 있을 정도로 민심이 흉흉했다. 이전의 곡산 부사가 고을을 다스릴 때, 아전이 농간을 부려 군포 40자

암행어사: 조선 시대에 지방에 파견되어 지방관의 감찰과 백성의 사정을 조사하는 일을 비밀리에 수행했던, 국왕 직속의 임시 관리. 마패에는 말의 수가 1마리부터 10마리까지 있어, 그 수에 따라 말을 지급했다.

의 대금으로 돈 200냥을 걷어야 했는데 돈 900냥을 거두어 갔기 때문이다. 백성들의 원성이 커지자, 이계심이 농민 천 명을 모아 관청에 들어와 호소했다. 그러나 관청에서는 말이 공손하지 못하다며 오히려 그에게 벌을 내렸다. 이때 농민 천 명이 이계심을 둘러싸며 대신 매를 맞겠다고 청했다. 아전과 관노들이 곤장으로 백성들을 마구 치니, 모두

뿔뿔이 흩어졌다. 이계심도 도망을 쳤다. 관아에서는 오영(서울에 있던 다섯 곳의 군영)에 명령을 내려 그를 붙잡으려 했지만 백성들이 숨겨 주어 끝내 잡지 못했다. 그런데 이 일이 와전되어 "곡산의 백성들이 들것에다 부사를 담아, 객사(각 고을에 두었던 관사) 앞에 버렸다."라고 한양에 전해졌다. 이야기를 들은 몇몇은 부임 인사를 다니는 정약용에게 주동자를 잡아 죽이라고 강권했고, 채제공은 더욱 기강을 바로 잡으라고 충고했다.

정약용이 곡산 땅에 들어서자 길을 막는 사람이 있었는데, 이계심이었다. 이계심은 정약용 앞에 백성에게 끼치는 폐해 10조목을 올렸다. 그것을 다 읽은 정약용이 말했다.

"백성들의 원통함을 펴기 위해 죽음을 두려워하지 않는 자네는 천금보다 얻기 어려운 인물이다. 오늘 너를 무죄로 석방한다!"

그리고 10조목을 말끔히 씻어 주니, 백성들의 원통함이 풀어졌다. 또한 정약용은 지방 행정을 쇄신하고 전염병 천연두를 예방 치료했다.

정조는 정약용에게 다시 승지, 형조참의의 벼슬을 주어 자기 곁에 머물게 했다. 그러나 조화진이 '이가환, 정약용 등이 서학을 받들면서 역적을 모의한다.'라는 상소를 올리는 등, 정약용에 대한 모략이 끊이지 않았다. 정약용은 반대파들의 모략을 견디기 어려워, 고향인 마재마을로 돌아왔다. 정약용은 생가에 여유당(정약용의 생가

^{이름)}이라는 당호를 걸었는데, '겨울에 살얼음이 언 시냇물을 건너는 것처럼 신중하고, 사방에서 나를 엿보는 것을 두려워하듯 경계한다.'는 뜻이다.

물 잃은 용이 되다

어느 여름날 밤, 정약용이 달을 마주하고 앉았을 적에 사립문

두드리는 소리가 났다. 임금이 보낸 심부름꾼이 『한서선(한자 시 가운데 골라 편집한 책)』 열 권을 내밀었다.

"다섯 권은 집 안에 보관하시고, 다섯 권은 제목을 써서 올리라는 성상(현재의 임금)의 당부이옵니다."

정약용은 임금의 선물을 받고 감격하여 눈물을 흘렸다. 그리고 보름 후, 임금의 승하 소식이 전해졌다. 이제 정약용은 용이 물을 잃고 매의 죽지가 부러진 신세가 되었다. 정약용에게 울타리가 되던 채제공이 죽고, 그를 총애하던 정조마저 세상을 뜨자, 벽파에서는 서학을 받아들였다는 구실로 남인들을 몰아내기 시작했다. 정약용 형제들도 끌려가 모진 몽둥이찜질을 당했다. 그의 형인 정약전과 정약종이 서학을 받아들인 주요 인물로 지목되어 정약용도 모진 심문을 받았다. 특히 심문관들은 오고간 편지 속에 나타난 우두머리가 그의 셋째 형 약종이 아니냐고 물었다. 참으로 난감한 일이었다. 이에 대해 정약용은 다음과 같이 대답했다.

"당상(심문 담당관)이 그 편지를 보았다면 알 것 아니오? 위로는 임금을 속일 수 없고, 아래로는 형을 증언할 수 없소이다. 나는 오늘 죽음이 있을 뿐이오. ……동생으로서 형을 증언할 수는 없소."

거짓 증언을 하면 임금을 속여서 불충不忠이 되고, 사실대로 말하면 형을 고발하는 불륜不倫이 된다는 뜻이다. 세상 사람들은 불충불륜에서 벗어나지 않고 결코 거짓말도 아닌 명답名答이라고 칭송했다.

결국 정약용도 이가환과 함께 투옥되었다. 대부분의 조정 대신들은 정약용은 석방해야 한다고 주장했지만, 서용보가 끝내 반대했다. 정약용은 경상도 장기로 귀양을 가고, 셋째 형 약종과 이가환은 옥중에서 죽었고, 둘째 형 정약전은 전라도 신지도로 유배되었다.

그 후 황사영(정약용의 조카사위) 백서가 발각되자, 이기경 등의 공격 세력은 이 기회에 정약용을 죽이고자 했다. 이기경은 정약용과 막역한 친구 사이로서, 이승훈·이벽 등으로부터 책을 얻어 볼 정도로 천주교에 관심을 가졌던 인물이다. 그러나 조상에 대한 제사를 우상숭배라고 금지하자 천주교를 배척하기 시작했다. 영의정 채제공을 천주교 탄압에 미온적인 태도를 보인다고 공격하고, 이승훈이 천주교 서적을 간행하고 있다고 상소를 올렸다. 하지만 오히려 무고죄로 귀양살이를 하게 되자 정약용 형제, 이승훈, 이가환 등과 원수로 지내게 되었다. 천주교를 배격하기 위해 그가 지은 『벽위편』은 아이러니하게도 오늘날 천주교사 연구에 중요한 자료가 되고 있다.

정약용은 황해도에서 돌아온 정일환 덕분에 죽음만은 면할 수 있었다. 과거에 황해도에서 쌓은 정약용의 공적을 들어 죽여서는 안 된다고 주장했기 때문이다. 이에 정약용은 전남 강진으로, 둘째 형 약전은 흑산도로 유배지를 옮기게 된다. 천주교 신자인 정약전은 1816년 흑산도에서 아이들을 가르치고, 책을 쓰다가 귀양 생활

16년 만에 사망했다. 이곳에서 지은 『자산어보』는 우리나라 최초의 수산학 관련 서적으로서, 실제 조사에 의한 저술이라는 점에서 큰 의의가 있다.

강진에서의 귀양살이

　유배지 강진에서 정약용을 받아주는 사람은 아무도 없었다. 그는 겨우 주막의 한쪽 골방을 얻어 살았다. 유배 생활 3년째인 1804년 동짓날, 정약용은 자기가 묵던 작은 방을 사의재四宜齋(네 가지를 마땅히 해야 할 방이란 뜻)라 이름 지었다. 이 말은 '생각을 담백하게 하고, 외모를 장엄하게 하고, 언어를 과묵하게 하고, 행동을 신중하게 하겠다.'는 뜻이다. 마흔일곱 살인 1808년 봄에는 산속 정자인 초당으로 거처를 옮겼다. 이 초가가 '다산초당'이다. 이때부터 자신의 호를 '다산茶山'이라 불렀는데 근방의 만덕산에 차가 많이 나는 것이 그 이유였다.

　강진의 산꼭대기에서 보내는 정약용의 귀양살이는 단조로웠다. 주변의 선비들과 차를 마시며 담소를 즐겼고, 경세학(정치적 실천을 핵심으로 하는 학문)과 목민학(지방 수령이 지역을 다스리면서 지켜야 할 지침)의 정리에 골몰했다. 그러면서도 정치나 조정에 관한 말은 입 밖에 내지

사의재(왼쪽): 정약용이 전남 강진으로 유배되었을 때, 주막집 주인 할머니의 배려로 4년 동안 기거하며 『경세유표』 등을 집필하고 제자들을 교육하던 곳이다.

다산초당(오른쪽): 정약용이 유배 시절에 머물며 제자들을 가르쳤던 초당. 『목민심서』 등을 저술하고 실학을 집대성함으로써 실학사상의 산실로 알려지게 되었다. '茶山艸堂'이라는 현판은 추사 김정희의 글씨이다.

안동 김씨의 세도정치: 조선 말 순조·헌종·철종 3대, 60년에 걸쳐 왕의 외척이 조정의 요직을 독점한 일. 순조가 11살로 즉위하자 김조순이 자기 딸을 순조와 결혼시켜 외척으로 정권을 장악, 김달순·김명순 등 안동 김씨 일파가 요직을 차지했다. 헌종이 즉위했을 때에는 김조순의 딸 순원왕후가 수렴청정했고, 철종이 즉위했을 때에는 순원왕후가 김문근의 딸을 왕비로 삼아 정권을 독점했다.

않았다. 안동 김씨의 세도정치가 굳어진 상황에서, 언제 그에게 사약이 내려질지 몰랐기 때문이다.

귀양살이를 하면서 정약용은 농민들의 비참한 생활과 관리들의 수탈 현장을 직접 지켜보았다.

대왕대비는 정약용을 석방시키려 했지만 이번에도 서용보가 가로막았다. 그 후 정약용의 아들 정학연이 아버지의 석방을 상소했는데, 이기경 등이 반대했다.

1818년 이웃 마을에 귀양 와 있던 김이교는 유배가 해제되자, 길을 떠나기 전에 정약용을 찾아왔다. 그들은 하룻밤을 함께 지내며 정담을 나누었다. 김이교는 당시 세도가 김조순(안동 김씨 세도정치의 기틀을 마련한 장본인)의 일가였다. 김이교는 정약용이 무슨 부탁을 할 것 같아 기다렸다. 그러나 동구 밖 10여 리를 따라 나와 배웅하면서도 아무 말이 없었다. 김이교는 참다못해 입을 떼었다.

"나에게 부탁할 말이 없소?"

그제야 김이교의 부채를 잡아당겨 시를 써주었는데, 그 끝 구절이 이러했다.

대나무 몇 가닥에 새벽달 걸릴 적에
고향이 그리워서 눈물 줄줄이 맺히오.

김이교는 이 부채를 들고 김조순을 찾아갔다. 김조순은 김이교가 한껏 펼쳐 부치는 부채를 빼앗아 글귀를 읽어 보았다.

정약용의 3대 저서: 『목민심서』(왼쪽 위)는 지방관을 비롯한 관리의 올바른 마음가짐과 몸가짐에 대해 기록한 책이다. 『경세유표』(오른쪽 위)는 국가의 행정 조직, 권한을 정하는 관제 개혁과 부국강병을 논한 책이다. 『흠흠신서』(왼쪽 아래)는 형벌 일을 맡은 벼슬아치들이 유의할 점에 관한 내용이 담겨 있다.

　　"이것은 정모(정약용을 지칭)의 글귀로구나."

　　김조순은 남쪽 하늘을 바라보면서 한숨을 쉬었다. 마침내 김조순이 주선하고 이태순이 상소를 올림으로써 정약용의 18년 유배생활이 청산되었다.

정약용은 평생을 당파 싸움에 시달렸지만, 스스로는 결코 당쟁에 빠지지 않았다. 그의 조상이 당쟁의 제물이 되지 않았음을 늘 자랑했고, 그 아들에게도 그런 일에 가담하지 말 것을 당부했다. 정약용을 유배 보내는 데 앞장 섰던 이기경이 함경북도로 유배되었을 적에 동료들은 무척 통쾌하게 여겼다. 그러나 정약용은 "아니로다. 우리들의 재앙이 지금부터 시작되는 조짐일세."라고 말했다. 그리고 수시로 이기경의 집에 찾아가 가족들을 위로했다. 뿐만 아니라 그가 모친상을 당했을 때는 가진 돈을 모두 털어 천 냥이라는 많은 부조금을 내기도 했다.

정약용이 세상을 떠난 것은 일흔네 살 때였다. 고종은 『여유당전서』를 모두 베껴 내각에 보관토록 했고, 장헌대부, 규장각제학을 추증(죽은 사람에게 사후 관직을 내리는 일)했다.

정약용

    조선 정조 때의 실학자인 정약용(1762년~1836년)은 18세기의 실학 사상을 집대성하고 발전시킨 선진적인 사상가이다. 남인 양반 출신으로 전통적인 유학을 공부했으나, 성호 이익의 유고를 읽고 나서부터 실학에 뜻을 두었다. 실학이란 실제적인 사물에서 진리를 찾아낸다는 의미의 학문이다. 조선 후기, 지배 계급의 학문이던 성리학의 공리공담(아무 소용이 없는 헛된 말)을 비판하면서 실사구시와 이용후생(기구를 편리하게 쓰고 먹을 것과 입을 것을 넉넉하게 하여, 국민의 생활을 나아지게 함.)에 관해 연구하던 학문이다.

    정약용은 북학파의 자연과학 지식을 받아들여 "지구는 둥글고 자전한다."라고 주장하는 한편, 오행설(우주의 만물을 낳게 하는 5원소로 금, 목, 수, 화, 토를 내세우는 이론)을 부정했다. 북학파는 청나라의 앞선 문물 제도와 생활양식을 받아들이자고 주장하는 학파로, 특히 상공업의 진흥과 기술 혁신에 관심을 쏟았다. 이덕무, 박지원, 홍대용, 박제가 등이 대표적 인물인데, 정약용도 이들의 견해에 뜻을 같이했다.

정약용은 오랜 기간 유배생활을 할 때 자신의 사상을 완성했다. 무엇보다도 전제田制와 세제稅制, 법제와 병제兵制 등 봉건사회가 안고 있는 갖가지 문제점을 해결하기 위해 여러 가지 사회 개혁안을 내놓았다. 또한, 농업 기술과 거중기, 활차, 축성, 총포, 심지어는 종두법에 이르기까지 광범위한 연구를 했다.

그는 인간의 본능이나 이기적 욕망을 인정했으며, 백성이 통치자를 위해 존재하는 것이 아니라 통치자가 백성을 위해 존재해야 한다고 생각했다. 그리하여 백성의 뜻이라면 왕도 교체할 수 있다고 주장했다. 『목민심서』(지방관을 비롯한 관리의 올바른 마음가짐 및 몸가짐에 대해 기록한 책)는 당시 양심적인 지방 수령들의 필독서였다.

| 참고문헌 |

강상원, 『Basic 고교생을 위한 세계사 용어사전』, 신원문화사, 2004

강성률, 『2500년간의 고독과 자유』, 형설출판사, 2005

강성률, 『위대한 철학자들은 철학적으로 살았을까』, 평단문화사, 2011

강성률, 『철학스캔들』, 평단문화사, 2010

강성률, 『철학의 세계』, 형설출판사, 2006

강성률, 『청소년을 위한 동양철학사』, 평단문화사, 2009

강성률, 『한 권으로 읽는 동양철학사 산책』, 평단문화사, 2009

강영계, 『철학의 이해』, 박영사, 1994

강영계 편저, 『철학의 흐름』, 제일출판사, 1987

강태권 외, 『동양의 고전을 읽는다 3』, 휴머니스트, 2006

공상철 외, 『중국, 중국인 그리고 중국문화』, 다락원, 2001

김길환, 『동양윤리사상』, 일지사, 2000

김득수, 『공자의 여성관─논어를 중심으로』, 여성연구논총 제12집, 2013

김영수 역해, 『제자백가』, 일신서적, 1994

노영준, 『역학사전』, 경덕출판사, 2006

마노 다카야, 『도교의 신들』, 도서출판 들녘, 2001

마명, 지안 옮김, 『대승기신론』, 지만지, 2011

박석, 『대교약졸』, 들녘, 2005

박은봉, 『한 권으로 보는 한국사 100장면』, 가람기획, 1995

박은봉, 『한국사 100장면』, 실천문학사, 2000

석인해, 『장자』, 일신서적, 1991

신옥희, 『일심과 실존(원효와 야스퍼스의 철학적 대화)』, 이화여자대학교출판문화원, 2000

신일철 외, 『한국의 사상가 12인』, 현암사, 1970

안광복, 『청소년을 위한 철학자 이야기』, 신원문화사, 2001

안동림 역주, 『장자』, 현암사, 2010

영남철학회, 『위대한 철학자들』, 미문출판사, 1984

이기백, 『고려사절요해제』, 아세아문화사, 1972

이수광, 『공부에 미친 16인의 조선선비들』, 해냄, 2012

이영재, 『재미있는 중국철학 이야기』, 박우사, 1997(홍익CNC, 2013, 전자책)

임건순, 『생존과 승리의 제왕학, 병법 노자』, 서해문집, 2017

임건순, 『제자백가 공동체를 말하다』, 서해문집, 2014

임어당, 『공자의 사상』, 현암사, 1985(현암신서18, 1990, 전자책)

임종욱 편저, 『중국역대인명사전』, 이회문화사, 2010

장기균, 송하경·오종일 공역, 『중국철학사』, 일지사, 1989

장유고, 고재욱 옮김, 『중국근대철학사』, 서광사, 1989

전호근, 『한국 철학사』, 메멘토, 2015

정병조, 『인도철학사상사』, 한국학술정보, 2005

조성기, 『전국지 〈227〉』, 경향신문, 1988

차이위치우, 김영수 편역, 『5000년 중국을 이끌어온 50인의 모략가』, 들녘, 2004

철학교재편찬회 편, 『철학』, 형설출판사, 1991

철학사전편찬위원회, 『철학사전』, 중원문화, 2012

토오도오 교순·시오이리료오도, 차차석 옮김, 『중국불교사』, 대원정사, 1992

풍국초, 이원길 옮김, 『인물과 사건으로 보는 중국 상하 5천년사 2』, 신원문화사, 2005

풍몽룡, 김구용 옮김, 『열국지』, 솔, 2015

한국공자학회, 『공자사상과 현대』, 사사연, 1985

한국인문고전연구소, 『중국역대인물 초상화』, 2017

한국철학회 편, 『한국철학사』, 동명사, 1997

한국콘텐츠진흥원, 『문화원형백과 원효대사 스토리뱅크』, 2009

함영대, 『문헌과 해석 44호-'인륜의 시작 만복의 근원-결혼과 가정에 대한 퇴계의 생각'』, 문헌과 해석사, 2008

현상윤, 『조선유학사』, 현음사, 2003

14살에 처음 만나는
동양 철학자들

1판 1쇄 발행일 2019년 1월 21일 **1판 2쇄 발행일** 2020년 10월 8일

글쓴이 강성률 | **그린이** 서은경 | **펴낸곳** (주)도서출판 북멘토 | **펴낸이** 김태완

책임편집 박소연 | **편집** 김정숙, 조정우 | **디자인** 책은우주다, 안상준 | **마케팅** 최창호, 민지원

출판등록 제6-800호(2006. 6. 13.)

주소 03990 서울시 마포구 월드컵북로 6길 69(연남동 567-11), IK빌딩 3층

전화 02-332-4885 **팩스** 02-6021-4885 **이메일** bookmentorbooks@hanmail.net

페이스북 https://facebook.com/bookmentorbooks

ⓒ 강성률, 2019

ISBN 978-89-6319-289-5 03100

「이 도서의 국립중앙도서관 출판시도서목록(CIP)은 서지정보유통지원시스템 홈페이지(http://seoji.nl.go.kr)와
국가자료공동목록시스템(http://www.nl.go.kr/kolisnet)에서 이용하실 수 있습니다.(CIP제어번호: CIP2018042281)」